KB243927

책 쓰는 사장

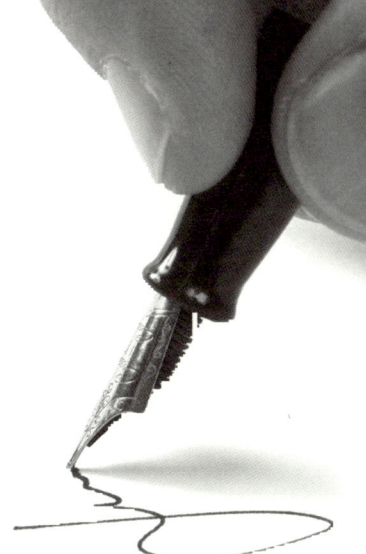

매출이 배로 뛰고
회사가 저절로 홍보되는
책 쓰기의 기적

The CEO who Writes Books

# 책 쓰는 사장

유길문 지음

문예춘추사

# 들어가며

## '나만의 책 쓰기'는
## 비상하고 싶은 CEO들에게 날개를 달아준다!

나는 2002년부터 '리더스클럽'이라는 독서 토론 모임을 이끌면서 10년이 넘는 세월 동안 약 3천 권의 책을 읽었다. 그 속에서 나의 비전과 미래, 살아갈 원동력을 얻었기 때문에 가슴 뛰게 하는 책의 힘을 누구보다도 굳게 믿고 사랑한다. 리더스클럽의 회원들도 마찬가지일 것이라 생각한다. 특히 리더스클럽에는 CEO 및 리더들뿐만 아니라 다양한 사람들이 활동하고 있는데 다들 무척 바쁜 와중에도 모임에 참석해 열띤 토론을 벌이는 모습을 보면 내가 좋은 일을 하는구나 싶어서 흐뭇하기 그지없다.

여기에 더해 몇 년 동안 카네기강사로서 CEO들을 대상으로 강의하기도 했는데, 요즘 나에게 이런 하소연을 하는 CEO 회원들이 부쩍 늘었다.

"유길문 회장님! 아무리 열심히 일을 해도 매출은 오르지 않고 직원들과 소통도 되지 않네요. 무슨 좋은 방법이 없을까요?"

가만히 들어보면 회사 상황이 좋다는 사장님이 없다. 경쟁이 치열해서 제품이 팔리지 않다 보니 매출이 오르지가 않는다. 세대차, 문화차로 인해 직원과 임원들이 서로 소통을 하지 못하고 불만만 쌓여간다. 하락하는 실적을 보며 CEO들의 머릿속에는 희망과 도전 대신 체념과 고민이 가득하다.

이런 암울한 상황을 더는 두고 봐서는 안 된다. 기존과 다르게 문제에 접근해서 새로운 채널을 확보하고 새로운 전환점을 마련해야 하지 않겠는가? 특히 기업이나 사회를 이끌어가는 CEO 및 리더들에게는 나쁜 흐름을 바꿀 수 있는 능력이 매우 중요하다.

현재의 상황과 환경을 제대로 바꾸고 싶은가?
멈춰버린 실적에 획기적인 새 바람을 불어넣고 싶은가?
그렇다면 지금 당장 책을 써라!

나는 책 한 권의 힘을 믿는다. 나는 수없이 많은 책을 읽고, 토론하고, 분석했으며 직접 써보기도 했다. 그래서인지 주변인들이 나를 '언어의 마술사'라고 불러준다. 10년이 넘게 책을 읽고 쓴 결과 단어를 가지고 노는 힘이 생겼기 때문이다. 그리고 책에 푹 빠져 있는 동안 깨달은 것이 있다. 책이 개인과 조직에게 위대한 성과를 가져다줄 수 있다는 것과 좋은 책 한 권이 평범한 사람을 위인으로 이끌 수 있다는 점이다. 한번 생각해보라. 자신의 책이 누군가에게 꿈과 희망이 되고 열정과 에너지를 준다면, 참으로 가치 있고 멋진 기적이 아닌가?

　여기까지 읽은 독자들은 "책은 아무나 쓰나" 하고 투덜거릴지도 모른다. 그렇다면 지금 당장 서점에 가서 저자들을 면밀히 살펴보라. 전문 작가들만 글 쓰는 시대는 지나간 지 오래다. 주변에서 흔히 볼 수 있는 평범한 사람들이 얼마나 많이 책을 쓰고 있는지 보라. 바쁜 CEO뿐만 아니라 교수, 병원장, 전문가 그룹, 직장인, 자영업자, 학생, 성직자 등 아주 다양한 사람들이 책을 출판하고 있다. 그들은 대부분 바쁘게 사는 사람들이다. 그런데도 왜 책을 내는 수고를 감수한다고 생각하는가?

바로 새로운 터닝 포인트turning point를 마련하고 싶은 강렬한 욕망이 있기 때문이다. 현재의 안전지대에서 벗어나 앞으로 나아가게 하는 힘은 어디에서 나오는 것일까? 숨어 있는 당신의 무궁무진한 능력과 가능성을 어떻게 끌어낼 수 있을까? 의외로 해답은 가까운 곳에 있다. 당신이 지금 하고 있는 일을 다른 시각으로 바라보고, 여태까지와 다른 행동을 해봐야 한다. 그런 행동 중에 하나가 책 쓰기다.

일단 책을 쓰면 자신이 바뀐다. 스스로를 성찰하는 동안 자신의 강점, 비전, 잠재 능력 등을 깨달을 수 있기 때문이다. 쓰고 나면 가족, 직원, 지인들의 시선이 달라지고 주위에서는 당신의 지혜를 들려달라며 강의를 요청할 것이다. 책을 통해서 자연스럽게 회사가 홍보되고, 당신의 철학이 대중들에게 신뢰를 얻으며, 인재들은 앞다투어 회사에 몰려들 것이다. 회사의 매출이 갑절로 뛰는 것은 말할 필요도 없다.

이처럼 책 한 권은 자신과 회사가 새롭게 변신할 수 있는 계기가 된다. 더

불어 당신은 자기 이름으로 된 멋진 책 한 권을 품에 안는 성과를 거둔다. 몸과 마음과 영혼을 투자한 그 책은 앞으로 당신이 힘들 때마다 항상 곁에서 응원해줄 것이다.

변화를 갈망하는 CEO들이여!

시간이 없다고, 바쁘다고 망설이고만 있는가? 지금 당장 자리를 박차고 일어나서 모델로 삼고 싶은 책 한 권을 집어 들어라. 그 책을 세 번 이상 정독하고 가슴으로 느끼면서 자기 것으로 만들어라. 그리고 자신이 쓰고 싶은 주제를 잡아서 제목과 목차를 정하고 글쓰기에 몰두하라. 하루 3시간 정도만, 딱 100일만 미쳐보라. 아마 당신은 내면에 숨어 있던 놀라운 힘에 깜짝 놀랄 것이다.

생각만 해도 가슴 뛰는, 당신의 내면에 있는 보물을 캐내는 작업을 해보자. 없는 시간을 쪼개서 자신만의 책을 완성하고 나면 세상을 얻은 것처럼 흐뭇해지리라. '해냈구나!'라는 생각에 자신감이 솟구쳐 오르고, 잠시 잊어버렸던 열정과 에너지가 다시 뜨겁게 타오르는 것을 느끼며, 자연히 인간관계와 리더십도 좋아지리라.

고민에 빠진 CEO들이여!

나는 자신 있게 말할 수 있다. "매출을 두 배로 올리고 싶다면, 새로운 삶의 전환점을 만들고 싶다면, 다른 사람들에게 가슴 뛰는 삶을 선물하고 싶다면 어서 책을 쓰세요!"라고 말이다. 지금 축 늘어져 있는 CEO들이 나의 응원과 배려가 담긴 이 책을 읽고, 책을 쓰겠다는 열정에 휩싸여 어깨를 펴고 당당히 걸을 수 있었으면 좋겠다. 그리고 훌륭한 책들이 많이 출판되어서 더 많은 사람들이 멋진 꿈과 희망을 맛보게 되었으면 한다.

부디 이 책이 독자들의 삶에 획기적인 이정표가 되기를 바란다.

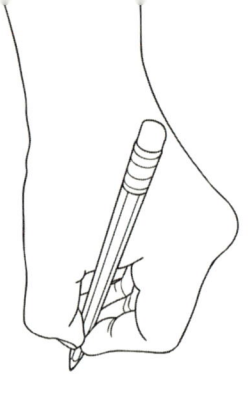

차례

들어가며 4

'나만의 책 쓰기'는 비상하고 싶은
CEO들에게 날개를 달아준다!

## STEP 1
# 사장님도 몰랐던
# 책 쓰기의 힘

**1** 책 쓰기는 새로운 전환점이다 17

**2** 책 쓰기는 발전을 향한 디딤돌이다 22

**3** 책 쓰기는 훌륭한 인재를 끌어 모으는 갈퀴다 28

**4** 책 쓰기는 인생의 돌파구다 33

**5** 책 쓰기는 가슴 뛰는 삶을 부른다 40

## STEP 2
# 사장님이 책을 써야 하는
# 네 가지 이유

**1** 유 박사가 책 쓰기 코칭을 시작한 이유 49

**2** CEO들이 꼭 책을 써야 하는 이유 58

**3** 3년마다 한 권씩 내야 하는 이유 67

**4** 그 CEO들이 성공한 이유 72

**STEP 3**

# 상상을 초월하는
# 책 한 권의 이익

**1** 억대 연봉을 뛰어넘는 이익 81

**2** 비행기 티켓 값보다 더 큰 이익 88

**3** 팬클럽이 가져다주는 이익 92

**4** 100억 짜리 광고 부럽지 않은 이익 98

**5** 최고의 고객 만족이라는 이익 103

**6** 으뜸가는 전문가로 꼽히는 이익 106


**STEP 4**

# 무엇을 쓸 것인가?

**1** 정말로 간절히 원하라 113

**2** 자신이 누구인지 파악하라 117

**3** 주제 · 메모 · 자료를 기억하라 124

**4** 차별화된 콘셉트와 메시지를 100번 이상 생각하라 129

**5** 타깃 독자를 정하라 139

**6** 소재는 내 안에 있다! 145

## STEP 5
## 어떻게 쓸 것인가?

**1** 굳게 결심하고 재빨리 행동하라 157

**2** 가슴 뛰는 책을 써라 168

**3** 독서하면서 기막힌 문장과 사례를 얻어라 173

**4** 모델이 되는 책을 딱 세 권만 정하라 178

**5** 책 제목과 목차에 목숨을 걸어라 182

**6** 책 쓰기에 집중할 수 있는 환경을 조성하라 189

**7** 강력한 마스터마인드 그룹을 만들어라 194

**8** 100일만 미쳐라 200


## STEP 6
## 어떻게 팔 것인가?

**1** 전략을 세우고 몸을 움직여서 길을 뚫어라 211

**2** 청중들을 열광케 하라 220

**3** 책이 SNS의 물결을 타게 하라 224


글을 마치며 228

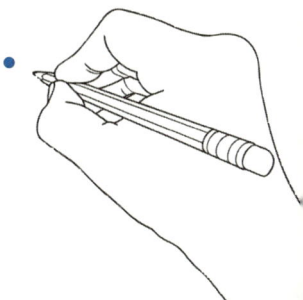

# STEP 1
## 사장님도 몰랐던
## 책 쓰기의 힘

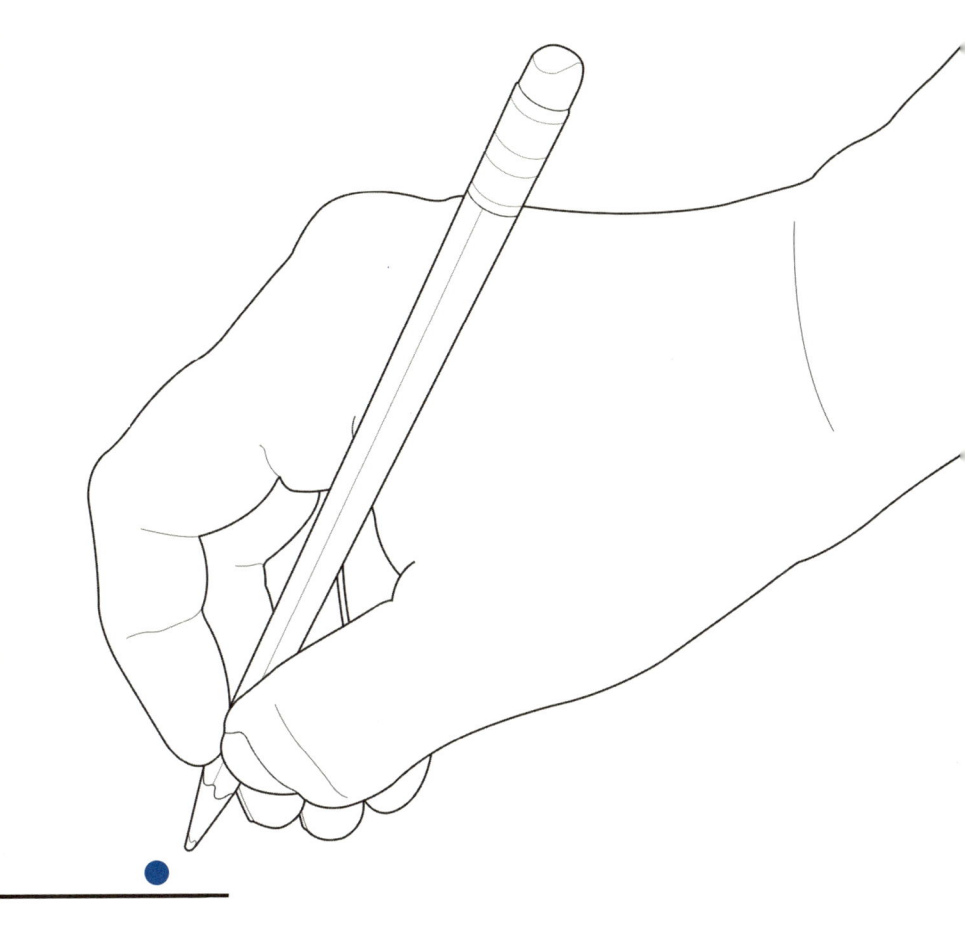

자신의 책 한 권은 앞으로
힘들 때나 지칠 때나 언제 어디서든지
응원군이 되어줄 것이다.

# 1

# 책 쓰기는
# 새로운 전환점이다

**사람이 책을 만들고 책이 사람을 만든다.**

책 읽기와 책 쓰기의 중요성을 이보다 더 명확하게 정의한 내용이 있을까? 프란시스 베이컨은 "독서는 충만한 인간을 낳고, 논의는 준비된 인간을 낳으며, 글을 쓰는 것은 완전한 인간을 만든다"고 말했다. 책 읽기와 책 쓰기가 얼마나 가치 있는지를 강조하는 말이다.

어린이 교육 전문 회사에서 30년 이상 근무하고 CEO가 된 지인이 있다. 회사에서 승진을 거듭해 임원까지 올랐지만 오너가 아니라 월급 받는 종업원의 입장에서 직접 회사를 경영하다 보니 힘든 것이 한두 가지가 아니었다. 직원 관리며 마케팅에 회계 관리까지 하느라 머리가 지끈지끈 아파 잠도 못 잘 지경이었다. 나름대로 자기 관리와 시간 관리에는 자신이 있다고 자부하던 그도 서서히 지쳐가고 있었다. 모태 신앙인으로서 힘들 때마다 기도와 명상을 통해서 에너지 관리를 했건만 날이 갈수록 힘이 빠지고 스트레스가 쌓여 삶의 의욕을 잃어갔다.

그때 이 CEO의 힘이 되어준 책 한 권이 있었다. 달라이 라마의 《용서》라는 책을 읽고 그 의미와 가치를 이해하는 순간, 힘든 여정 속에서 해방되었던 것이다. 그때 그가 흥분된 목소리로 울먹이며 했던 이야기를 나는 아직도 기억한다.

"회장님! 고맙습니다. 최근 몇 개월 동안 삶의 의욕을 잃어가면서 너무 힘들어 포기하고 싶을 때가 많았습니다. 회장님도 아시다시피 나는 모태 신앙인이라 아무리 힘들고 어려워도 기도를 통해서 스스로 극복하곤 했는데 이번에는 정말로 너무 힘들었습니다. 그런데, 정말이지 책 한 권의 힘이 이렇게 강력한 줄 몰랐습니다. 《용서》라는 책 한 권이 지쳐가는 제 영혼을 싹 치유해주었습니다. 이

걸 읽고 나니까 마음이 편안해지네요. 여유가 생겼습니다. 회장님, 좋은 책을 소개해주셔서 정말로 고맙습니다."

자, 이것이 바로 책의 힘이다. 지금 힘들고 지쳐 있는가? 그렇다면 지금 당장 서점으로 달려가서 책을 들어라! 마음 내키는 대로, 구미에 당기는 책을 집어 들고 거침없이 읽어내려가라. 심장이 뛰는 책도 좋고, 마음을 편안하게 해주는 책도 좋고, 시집 한 권도 좋다. 지금 당장 손이 가는 대로 책을 골라라. 그리고 그 속에 푹 빠져보라. 지쳐 있는 당신의 마음이 조금은 나아질 것이다.

진정 책 한 권의 힘을 느끼고 싶으면, 독서를 통해서 성공한 사람들의 책을 읽어보라. 세계적으로 유명한 CEO들이 한결같이 성공의 동인으로 꼽고 있는 것이 무엇인가? 독서라고 말하지 않던가? 어렸을 때부터 도서관을 즐겨 찾았고 책 속에 푹 빠져서 책과 함께 놀았던 것이 오늘의 나를 만들었다고 자신 있게 이야기하지 않던가? 책 한 권의 힘은 우리 인생에 빛이 되어준다. 이것이 항상 우리가 책을 가까이 해야 하는 이유이리라.

책 한 권이 지닌 힘을 우습게보지 말라. 천호식품은 건강식품 일등 회사로 자리 잡은 중견기업이다. 오늘날, 이 회사가 이렇게 성장하고 발전한 원동력과 계기는 무엇이었을까? 나는 자신 있게 답할 수 있다. 천호식품의 김영식 회장은 바쁜 와중에도 자신의 책, 《10미터만 더 뛰어봐》를 썼다! 이것이 오늘날 천호식품을 있게 한 추진력이다.

책을 출판하고 난 뒤에 김 회장은 약 3년 동안 무척 바쁜 나날을 보냈다. 지자체, 기업, 관공서, 학교 등에서 강의 요청이 쇄도했고 방송에 출연해달라는 요청도 줄을 이었다. 김 회장이 강의나 방송 인터뷰를 하면서 무슨 이야기를 했을까? 그는 자신의 회사와 전략 제품 이야기를 했을 것이다. 이러한 강연과 방송 출연에 힘입어 천호식품을 대표하는 상품들이 날개 돋친 듯이 팔려나간 것은 두말하면 잔소리다. 아마 김 회장이나 직원들도 책 한 권이 이토록 강력한 영향을 미쳤다는 사실에 무척 의아해했을 것이다.

왜 많은 사람들이 김영식 회장의 이야기에 열광했다고 생각하는가? 나는 그의 책 《10미터만 더 뛰어봐》를 여러 번 정독하면서 답을 찾아나갔다. 일단 그의 책을 읽으면 심장이 뛰고 행동할 수 있는 힘을 받는다. 지금 힘들다고 생각해도 그것이 오히려 기회라고 이야기해준다. 그의 이야기에 매료된 독자들이 그의 팬이 되고 그의 회사에 신뢰를 보내고 그 회사의 제품에 열광하는 선순환 구조가 진행된 것이다.

책을 한 권 출간하는 것은 새로운 기회를 갖는 것이다. 언제 어떤 멋진 기회가 나타날지 알 수 없다. 책은 성과를 창출한다. 책이 퍼져나가는 힘은 강력하다. 책은 당신과 회사를 홍보하며 제품을 신뢰하게 만든다. 그러니 CEO에게 책은 필수품이다.

CEO들이여! 매출을 두 배로 올리고 싶은가? 지금 전환점을 마련하고 싶은가? 회사가 지금 위치에서 몇 단계나 뛰어오르게 하고 싶은가? 그렇다면 오늘 당장 책 쓰기를 시작하라. 힘들고 바쁘다고 해서 외면하지 말라. 오히려 그러니까 책을 써서 돌파구를 마련해야 한다고 생각하라. 자신의 책 한 권은 앞으로 힘들 때나 지칠 때나 언제 어디서든지 응원군이 되어줄 것이다.

**2**

# 책 쓰기는
# 발전을 향한 디딤돌이다

"요즘 너무 힘듭니다. 특허도 열 개 이상 받았고 상표 및 실용신안권 등 많은 기술력을 보유하고 있는데도 매출이 늘지를 않아서 매년 적자예요. 그리고 열심히 뛸 직원을 구하기도 힘들어요. 매년 공고를 내도 제조업이라 그런지 사람들이 응시를 잘 하지 않아요. 모처럼 직원을 구해도 힘든 일은 안 하려고 하고요. 우수한 기술력으로 제품을 만들면 다음엔 영업을 해야 하는데 직원들이 움직이지를 않아요."

최근 제조업을 운영하는 CEO에게서 들은 하소연이다. 같이 저녁을 먹고 술 한잔 하면서 그는 마음속 이야기를 털어놓기 시작했다. 얼마나 힘들었는지 눈물까지 펑펑 쏟는 모습을 보니 마음이 짠했다.

비단 제조업만의 일이 아니라 중소기업을 운영하는 CEO들이라면 대부분 공감할 문제가 아닐까. 병원도, 한의원도, 음식점도, 제조업도, 서비스업도, 회계 법인도, 교육 사업도 모두 고군분투하고 있다. 앞으로 1년 뒤, 3년 뒤, 10년 뒤의 사업이나 영업 환경은 더욱 힘들어질 것이다. 왜 그럴까? 한마디로 공급자 중심에서 수요자 중심으로 점점 더 빠르게 시장이 재편되고 있기 때문이다.

주위를 한번 둘러보라. 기가 막힌 제품들이 무수히 쏟아져 나오는 실정이다. 하룻밤 자고 나면 신제품이 구형 제품이 되고, 새로운 서비스와 기능을 제공하는 제품들이 시장에 나타난다. 오늘의 1등이 내일은 2등이 되고 어느 순간에는 3등이 된다. 시간이 조금만 흘러도 시장과 사람들의 머릿속에서 사라져버리는 제품도 많다.

꾸준히 시장을 선점하려면 늘 새로운 시각으로 시장을 보아야 한다. 내가 하고 있는 영역뿐만 아니라 다른 영역에서도 어떤 일이 일어나는지를 예의 주시해야 한다.

옛날에는 자기가 하고 있는 일만 잘하면 경쟁력이 있었

지만 지금은 그렇게 하면 시장에서 멀어질 뿐이다. 당장의 성과에 웃거나 여유 부려서는 안 된다. 조금 더 냉철하게, 조금 더 신중하게, 조금 더 멀리 보아야 한다. 지금 하고 있는 일의 테두리 안에서 안주하지 말고 시야를 넓게 보아야 한다는 뜻이다. 지금 하고 있는 일의 너머에서 어떤 일이 벌어지고 있는지, 앞으로 어떤 일이 벌어질지를 생각하며 눈에는 쌍불을 켜고 귀는 쫑긋 세워야 한다. 궁하면 통하고 간절히 원하면 모든 것이 이루어진다고 하지 않았던가?

비즈노 주식회사의 조기선 대표를 아는가? 그녀는 일본에서 중소기업 컨설팅 연구원으로 활동했으며, 국내에서도 많은 중소기업을 대상으로 컨설팅과 교육을 했다. 조 대표는 거기에서 얻은 경험과 지혜를 바탕으로 《물건을 팔지 말고 가치를 팔아라》라는 책을 출판했다.

조 대표가 처음 교육과 컨설팅 사업을 시작했을 때는 생각만큼 일이 순조롭게 진행되지 않아서 힘든 나날을 보냈다. 상황을 타개하기 위해 새로운 돌파구가 필요했다. 그녀는 책을 쓸 결심을 하고 매일 자신만의 사례를 만들기 위해 1년 남짓 노력했다. 사례가 쌓이니 실제로 책을 쓰는 기간은 많이 걸리지 않아서 하루에 3시간 이상, 3개월을 투자하니 책 한 권이 완성되었다.

이후 그녀는 전문가로 인정받으면서 강의 횟수가 급격하게 증가했다. 심지어는 생각지도 못했던 대기업에서 강연 의뢰가 들어오고 텔레비전 출연이며 컨설팅 의뢰가 줄을 이었다. 각종 기관에 코치 및 전문 컨설턴트로 등록하기도 했다. 현재도 꾸준히 월 10회 이상 강연을 하고 소상공인 전문 방송에도 출연하고 있다.

조 대표는 "책을 쓰면 수강생에서 강사로 입장이 바뀝니다. 강의를 하면 평소 만나기 어려운 사람들과의 교류도 활성화되고 더욱 더 전문적인 지식을 쌓게 됩니다. 강연 수입도 아주 좋아지고요. 이렇듯 책을 쓰고 강의를 하면 여러 가지 이득이 많기 때문에 제가 현재 교육 및 컨설팅하는 과정에서도 저술 활동을 적극적으로 권합니다. 실제로 사업을 하시면서 책을 써서 인생이 바뀐 분들도 많이 계세요"라면서 책 쓰기를 권한다. 그녀 자신도 책을 쓰고 나서 이렇게 환경이 달라지고 바빠질 줄은 몰랐다면서 말이다.

이 사례에서 알 수 있듯이 사업을 하는 CEO들은 항상 힘들다. 왜냐하면 시장의 경쟁이 너무 치열하고 고객의 요구 사항은 날이 갈수록 까다로워지기 때문이다. 경쟁 자들과 힘겨운 씨름을 하고 고객들이 원하는 제품을 만들어 만족과 감동을 자아내기 위해서는 새로운 접근법이 필요하다. 어떤 사업을 하는 CEO에게도 지금의 환경은 녹록지 않다. 그러므로 현재의 상황을 절박함으로 인식하고 새로운 도전을 해야 한다. 절박함을 제대로 인식하고 나면 해야 할 일이 명확해지고 생각이 달라지며 새로운 전환점을 마련하기 위해 분주히 뛰게 된다.

요즘은 너도 나도 책을 내는 것이 트렌드가 되었다. 기업을 운영하는 CEO도, 병원장도, 대학교수도, 한의사도, 공무원도, 어린이도, 대학생도, 주부도, 승려도, 목사도, 신부도 책을 쓴다. 눈코 뜰 새 없이 바쁜 사람들이 왜 책을 썼다고 생각하는가? 절박함을 인식하고 돌파구를 마련하기 위해서다.

이와 관련된 재미있는 나무꾼 일화가 있다. 어느 날, 열심히 나무를 베는 나무꾼에게 지나가던 나그네가 톱을 갈라고 충고하자 나무꾼이 "에끼, 이 사람아! 내가 너무 바빠서 땀을 뻘뻘 흘리는 것도 보이지 않나. 나무 베기도 바빠 죽겠는데 언제 톱을 갈 시간이 있겠나?"라고 대답했다는 것이다. 아마도 사업을 하는 CEO들이 나무꾼과 같은 입장이리라. 너무 일이 많아서, 너무 약속이 많아서, 너무 힘들어서, 여러 가지 많은 현안들 때문에 정작 꼭 하고 싶은 것은 미룰 때도 많이 있으리라. 하지만 잠시 시간을 내서 톱을 갈고 나면 더 효율적으로 나무를 벨 수 있다는 사실을 잊지 말라.

CEO들이여, 절박함을 인식하고 모든 문제 해결의 열쇠가 될 책 쓰기에 도전하라. 당신이 고민하고 있는 것을 써봐라. 그 해답을 지금 찾지 못하고 되풀이하면 문제도 계속될 것이다.

절박한 CEO들이여, 현재의 상황을 개선하고 새로운 돌파구를 마련해서 한 단계 점프를 하고 싶다면 무조건 책을 써라.

된다, 된다, 책 쓰기가 된다! 책을 써보지 않았다고 두려워하지 마라. 쓰다 보면 길이 있다.

# 3

# 책 쓰기는 훌륭한 인재를
# 끌어 모으는 갈퀴다

"대표님, 안녕하세요! 잘 지내시죠? 이번에 저희 모임에서 꼭 특강을 해주시면 좋겠는데요. 예전에 한 번 오셔서 강의를 해주셨잖아요. 그때 많은 전북의 CEO들이 대표님의 생생한 경험담과 노하우를 듣고 감동을 받았답니다. 그래서 다시 한 번 대표님의 진심이 담긴, 감동이 있는 강의를 듣고 싶어 합니다. 대표님, 이번 CEO들이 한자리에 모이는 리더스 지식경영포럼에 꼭 시간을 내서 들러주십시오!"

"유 회장님, 저는 잘 지내고 있습니다. 유 회장님도 잘 지내고 계시죠? 제가 요즘은 눈코 뜰 새 없이 바쁩니다. 지방까지 내려갈 틈이 없어요. 지방에 내려가서 강의를 하면 시간도 너무 많이 걸리고 서울·경기 지역만 강의해도 다 소화시키지 못할 지경이에요. 생각해주셔서 고맙긴 하지만 도저히 지방까지 내려가서 강의할 여유가 없습니다. 미안합니다. 제 강의를 듣고 싶어 하는 많은 CEO분들에게 미안하다고 전해주십시오!"

이것은 나와 메가넥스트 김성오 대표의 전화 통화 내용이다. 그는 가히 입지전적인 인물로, 600만 원의 빚을 내서 마산에 있는 다섯 평도 채 안 되는 변두리 약국을 13명의 약사가 근무하는 기업형 약국으로 성장시켰다. 또한 달랑 책상 두 개로 시작한 엠베스트를 지금의 자리에 올려놓은 주역이기도 하다.

그런 김 대표가 바쁜 시간을 쪼개어 《육일약국 갑시다》라는 책을 썼다. 나는 2007년에 이 책이 나오자마자 그 제목에 이끌려 단숨에 읽어내려갔다. 책을 읽는 내내 김 대표의 열정과 사람을 사랑하는 따뜻한 마음이 가슴으로 전달되어 감동을 느꼈다. '이야! 정말로 김성오 대표는 참 멋있는 분이구나. 이분을 꼭 만나서 삶의 지혜를 전수받고 싶다'라는 생각이 내 마음을 지배했다.

책이 너무 좋아서 다섯 번이나 정독했다. 그리고 2007년 9월 6일, 서울로 김성오 대표를 만나러 갔다. 짧다고 할 수 있는 두 시간 동안 많은 이야기를 나누었다. 인상도 좋고 마음이 따뜻한 김 대표를 만나서 몹시 기분이 좋았다. 그때 김성오 대표가 '유길문 박사님! 하시는 일을 통해서 사람을 돕는 귀한 성공 이루시기 바랍니다. 2007. 9. 6 김성오'라고 사인을 해주었다. 그리고 2009년도 전주에서 김성오 대표의 특강을 듣는 기회도 가질 수 있었다.

지금도 《육일약국 갑시다》는 힘이 들거나 에너지가 떨어질 때 펼쳐 보는, 내가 좋아하는 최고의 책이다. 만약 김 대표가 책을 펴내지 않았더라면 내가 어떻게 알고 만날 수 있었겠는가? 책은 최고의 만남을 맺어주는 매개체다.

이처럼 나는 5년 넘게 김성오 대표와 연락하고 있다. "대표님! 전주에 내려오셔서 전북을 이끄는 CEO들에게 꿈과 희망의 메시지를 전해주십시오"라고. 그러나 그를 직접 만날 수는 없다. 책이 나오자 그렇지 않아도 바쁜 김 대표에게 강의 요청이 쇄도하고 있기 때문이다. 지방에서 부탁하는 강의는 아예 생각지도 못할 정도로 바쁜 나날을 보내고 있다고 한다. 책을 한 권 썼을 뿐인데 책을 쓰기 이전과 이후의 삶이 완전히 달라진 것이다.

내가 《육일약국 갑시다》라는 책을 읽고 김성오 대표의 철학과 삶의 지혜에 반해 팬이 되었듯이, 많은 CEO나 CEO를 꿈꾸는 사람들도 그의 매력에 푹 빠졌을 것이다. 하물며 대학생들은 어떻겠는가? 내가 장담하건대 이 책을 읽은 대학생들은 김 대표를 신뢰하고 그의 이야기에 귀를 쫑긋 세울 것이다.

지금 그가 이끄는 기업에는 훌륭한 인재들이 넘쳐난다. 회사 대표의 삶의 철학과 가치에 공감하는 젊은이들이 끊임없이 회사 문을 두드리는 것이다. 이렇게 책 한 권에는 인재를 부르는 힘이 있다. 인재들이 기업 CEO를 신뢰하게 되면 회사에도 좋은 이미지를 갖고 알아서 먼저 오게 된다. 대표와 직원의 가치관이 서로 일치하니 공감대 형성이 쉽고 앞으로 회사의 성장과 발전도 자연스럽게 이루어질 것이다.

또한 책을 통해서 CEO의 브랜드 가치가 상승하고 회사의 이미지도 제고될 것이다. CEO에 대한 신뢰와 확신이 있는데 고객들이 어떻게 그 회사를 멀리하겠는가? 영업을 하는 직원들 입장에서도 책으로 고객들과 자연스럽게 공감대가 형성되니 이보다 더 좋을 수는 없다. 책 한 권이 좋은 인재를 부르고 회사의 이미지를 끌어올리며 회사 성장을 이끌어내는 선순환의 통로 역할을 한다.

CEO들이여! 정말로 좋은 인재를 원하고 회사를 진정 성장시키고 싶다면 오늘 당장 책 쓰기를 시작하라. 지금과는 다른 시스템, 지금과는 차원이 다른 회사의 성장을 원하는 간절함만 있으면 누구나 다 쓸 수 있다. 지금까지 살아오면서 겪은 삶이 모두 책의 소재가 될 수 있다. 기뻤던 이야기, 슬펐던 이야기, 감동적이었던 이야기, 성취한 이야기, 회사를 경영하면서 보람 있었던 이야기 등등 당신의 내면에 숨어 있는 무궁무진한 이야기보따리를 풀어놓기만 하면 된다. CEO의 이야기는 많은 사람들의 공감을 얻을 수 있을 것이다.

# 책 쓰기는
# 인생의 돌파구다

《해리포터》 시리즈를 출판해서 새로운 인생의 전환점을 마련한 조앤 롤링은 "기적은 나를 바라보는 새로운 눈을 갖는 것"이라 말했다. 그녀의 인생을 살펴보면 인간 승리라는 말이 절로 나올 정도다.

1965년 영국 사우스글로스터셔 주 예이트에서 태어난 롤링은 1990년에 기차 안에서 해리포터의 아이디어를 떠올렸다. 이후 결혼했다가 곧 이혼하고 정부 보조금으로 어린 딸과 힘겹게 생활하면서 카페에서 집필을 시작했다. 1995년에 해리포터 시리즈의 첫 작품인 《해리포터와 마법사의 돌》을 탈고했지만 여러 곳에서 거절당한 뒤 이

듬해 겨우 출판계약을 맺었다.

그 결과는? 다들 알다시피 해리포터 시리즈는 전 세계에서 폭발적인 인기를 얻었고, 가난한 싱글맘이었던 롤링은 2004년 세계 최고 부호 클럽에 가입까지 했다. 그녀는 이렇게 말했다.

실패는 내가 불필요한 것을 벗어던질 수 있도록 해주었습니다. 그럼으로써 나는 자유로워졌습니다. 내가 가장 두려워하던 것이 현실화되었지만, 나는 여전히 살아 있었고 여전히 내 옆에는 사랑하는 딸이 있었으며 오래된 타자기 하나와 근사한 아이디어가 있었습니다. 내가 가장 힘들고 지쳐 있던 그 밑바닥의 경험이 내 삶을 일으켜 세우는 단단한 기반이 되었습니다. 그 실패의 경험이 나에게 자신감을 갖게 해주었고 또한 자신에 대해 많은 것을 알게 해주었으며 나에게 귀한 깨달음을 주었습니다.

롤링은 힘들고 지쳐 있을 때 위기를 기회로 인식했다. 어려운 상황에서도 그녀에게는 간절한 꿈이 있었다. 그렇기에 그녀는 기차를 타고 가면서 떠오른 순간적인 아이디어를 창조적인 영감으로 전환시킬 수 있었다. 그녀가 하버드대 졸업 축사에서 말한 '기적은 나를 바라보는 새로운 눈을 갖는 것'이라는 메시지가 감동의 울림으로 다가온다.

롤링은 최악의 상황에서 절망하면서 모든 것을 타인의 탓으로 돌리는 대신에, 발상을 바꾸어 '나에게는 얼마든지 기회가 있다. 나를 얼마든지 끌어올릴 수 있다. 나는 얼마든지 현 상황을 슬기롭게 긍정적으로 전환시킬 수 있다'고 확신했다. 우리에게는 모두 간절히 원하는 꿈과 비전이 있다. 그것을 실현하는 열쇠는 바로 자기 안에 있다. 그녀는 자신의 이야기를 통해 그 사실을 보여주었다.

마찬가지로 우리에게도 내면에 숨어 잠자고 있는 이야깃거리가 있다. 특히, CEO에게는 더욱 많을 것이다. 그것을 오늘부터 당장 꺼내보자. 당신의 힘 있고 살아 있는 이야기는 사람들에게 진정성을 전달하고 그들과 소통할 수 있는 가장 좋은 방법이다.

CEO들이여! 지금 당장 펜을 들고 당신의 이야기를 풀어내라. 살아오면서 겪은 모든 이야기에는 힘이 있다. 그러니 주저하지 말고 당장 써내려가라. 다른 사람이 아닌 당신만의 스토리를.

강헌구 교수는 현재 대한민국 최고의 비전 멘토이자 베스트셀러 저자이며, 대한민국 방방곡곡을 누비면서 학교 및 공공기관 등에서 강의하는 유명 강사다. 그는 아마도 어느 누구보다 바쁜 삶을 살고 있을 것이다. 그런 그도 어느 날 문득 이런 생각이 들었다고 한다.

'내가 지금까지 열심히 살아왔는데 왜 갈수록 매너리즘에 빠져드는 거지? 무언가 잘못된 것일까? 새로운 돌파구가 필요한 것은 아닐까?'

한번 이렇게 생각하자 또 다른 생각이 꼬리에 꼬리를 물고 이어져 어느새 그는 자문자답에 빠져 있었다. 그러다가 땅 밑에서 개미들이 분주하게 움직이는 모습을 보고 아이디어 하나가 떠올랐다고 한다.

'개미들은 왜 이렇게 열심히 살까? 개미들이 일사불란하게 움직이는 것은 무엇 때문일까? 개미들이 저렇게 움직이도록 하는 동인은 무엇일까? 무슨 목적이 있어서 그런 게 아닐까? 맞다! 비전! 개미에게도 그들만의 비전이

있기 때문이 아닐까?'

그때 떠오른 비전이라는 단어가 강 교수의 가슴을 뛰게 했다. 그 뒤로 그는 '비전'이라는 단어에 몰입했다. 아이들을 가르치기 시작했고 그 경험을 토대로 해서 책을 썼다. 《아들아 머뭇거리기에는 인생이 너무 짧다》, 《가슴 뛰는 삶》 등이 그의 초대형 베스트셀러 작품이다. 새로운 전환점이 필요할 때 끊임없이 상상을 하면서 그는 진정으로 원하는 하나의 키워드를 발견한 것이다. 그렇게 그의 인생이 바뀌었다.

책의 힘이 이렇게 강할 거라고는 상상도 못했습니다. 《아들아 머뭇거리기에는 인생이 너무 짧다》를 출판하고 나서 기절하는 줄 알았어요. 독자들의 반응이 폭발적이었고 그 뒤로 학교, 기관의 강연 요청이며 방송 요청이 쇄도했지요. 어찌 보면 책을 출판하고 난 뒤에 나는 새로운 인생을 살고 있는 셈이에요. 책 한 권 쓰고 나서 내가 어떻게 변할지 알 수 없어요. 그러니 여러분들도 시간을 만들어서라도 꼭 책 쓰기에 도전하세요.

이 말은 강헌구 교수에게 직접 들은 이야기다. 나는 강 교수의 강의 프로그램을 모두 섭렵했고 그의 책을 전부 정독했다. 내가 사는 곳 주변에 그가 강의라도 오면 식사를 같이하면서 소통했다. 《가슴 뛰는 삶》이 출판되었을 때는 리더스클럽에서 그를 초청해서 '강헌구 교수 저자 초청 토론'을 하기도 했다. 그는 만날 때마다 비전을 이야기하고 책을 쓰라고 조언했다.

가난한 싱글맘이었던 조앤 롤링과 새로운 돌파구를 찾던 강헌구 교수에게 한줄기 빛이 되어준 것은 자신이 쓴 책 한 권이었다. 책이 이 둘의 인생을 바꾸었고 지금 그들은 가슴 뛰는 삶을 살고 있다.

가진 것이라고는 어린 딸밖에 없었던 조앤 롤링이 해냈다면 우리도 해낼 수 있다. 바쁜 강헌구 교수가 해냈다면 우리도 시간을 내서 책을 쓸 수 있다. 의지가 중요한 것이다. 당신이 쓰겠다고 마음을 먹으면 무엇이 문제겠는가? 당신이 원하는데 무슨 벽이 있겠는가?

아직도 책 쓰는 것이 두렵고 시간 내는 것이 부담이 된다면, 도종환 시인의 유명한 시, 〈담쟁이〉를 읽어보자. 다들 '절망의 벽'이라 부르는 어려움을 기어코 극복하고 마는 담쟁이의 끈기가 가슴 깊은 곳까지 울려 퍼질 것이다.

# 책 쓰기는
# 가슴 뛰는 삶을 부른다

"상추 재배로 매출 100억 원을 올릴 수 있을까? 한마디로, 올릴 수 있다."

상추 CEO인 장안농장 류근모 대표의 이야기이다. 그는 성공하기 어렵다는 귀농을 해서 마침내 성공을 거둔 인물이다. 그는 처음에 융자금 300만 원을 가지고 유기농 상추 재배에 뛰어들었다. 모두들 안 된다고 생각할 때 그는 부정적인 생각과 싸우며 혁신적인 다양한 방법을 시도했다.

류 대표는 유기농 업체의 삼성전자를 만들어내겠다는 신념을 갖고, 예술가처럼 상추에 애정과 문화를 담아서 전 세계 최고의 상추로 길러냈다. 그래서 그는 자신의 상추를 가리켜 먹거리이자 작품이라고 말한다. 그리고 마침내 상추로 100억 원의 매출을 올린 성공 신화가 탄생했다. 유기농 상추에서 떠올린 류 대표의 참신한 발상이 놀라울 따름이다. 그의 경영 철학과 신념에 박수를 보내고 싶다.

그는 13년간 일궈온 농사 체험을 바탕으로 《상추 CEO》라는 책을 출판했다. 많은 CEO와 리더들이 그의 경영 노하우 및 삶의 메시지를 벤치마킹하기 위해 책을 보았고, 신념 하나로 무에서 유를 창조한 장안농장과 류 대표를 응원하기 시작했다.

그가 책을 출간한 후 많은 기업의 리더들이 그의 이야기를 듣고 싶어 했고 많은 관공서에서도 강연 요청이 들어왔다. 물론 방송 출연도 점점 늘어나기 시작했다. 책, 강연, 방송을 통해서 장안농장의 유기농 상추는 믿을 수 있는 브랜드로 자연스럽게 자리매김했다. 이 광고효과를 어떻게 금액으로 환산할 수 있겠는가?

또 다른 CEO인 아웃도어 용품 판매업체인 오케이아웃

도어닷컴의 장성덕 대표는 2010년에 출간한 《오케이아 웃도어닷컴에 OK는 없다》에서 이렇게 말했다.

나는 현재에 만족하지 않는다. 내가 늘 관심을 기울이는 것은 현재가 아니라 미래의 모습이다. 하지만 미래의 모습을 미리 규정하지는 않는다. 상황은 언제나 달라질 수 있고, 그때그때 상황에 맞는 모습으로 변해야 하기 때문이다. 나는 성급하게 미래의 모습을 단정 짓지 않고, 항상 다른 가능성을 열어둔다. 나에게는 계속 변화, 발전해야 한다는 분명한 원칙이 있다. 변화하지 않고 멈춰 있는 회사는 죽은 회사와 같다. 사람도 마찬가지다. 더 이상 성장하기를 포기하고, 변화를 거부하는 사람만큼 불행한 존재는 없다.

이 책이 출간되자 그의 남다른 성공 신화를 듣고 싶어 하던 많은 사람들이 열광했고, 책은 순식간에 베스트셀러가 되었다. 회사와 장 대표의 인지도가 상승해서 기존 고객의 충성도가 한층 깊어졌을 뿐더러 신규 고객이 늘어나는 마케팅 효과도 거두었다. 매출이 폭발적으로 증가

한 것은 두말할 나위가 없다.

그는 아웃도어 시장이 반드시 커질 것이라는 신념과 경영 철학을 갖고 회사를 운영했으며, 그 경험을 바탕으로 한 책을 출판해서 본인의 브랜드와 회사의 이미지를 한 단계 제고시켰다. 그에게도 정기적으로 강연과 방송 요청이 들어오고 있다.

총각네 야채가게를 경영하는 이영석 대표의 이야기도 빼놓을 수 없다. 그는 30대 초반에 트럭에 채소를 싣고 장사를 시작했다. 자기만의 비법으로 돈을 모아 1998년에는 땅값 비싸기로 소문난 대치동에 총각네 야채가게 1호점을 냈다. 현재 이 가게는 대한민국 면적당 최고의 매출을 올리는 명품 브랜드가 되었다.

이후 전국 각지에 총각네 야채가게와 비슷한 점포들이 생겨났으며 젊은 청년들을 내세워 영업하는 매장이 유행처럼 번져갔다. 그의 사업에 대한 열정과 노력, 도전정신은 모범적인 사례로 인정되어 연극, 뮤지컬, 텔레비전 드라마 등으로 소개되기도 했다.

기껏해야 서너 시간 잠을 자는 힘든 나날을 보내면서도

그는 책을 쓰기 시작했다. 그렇게 해서 2003년 《총각네 야채가게》를 출간했고, 이 책은 많은 독자들의 공감대를 얻어 22만 부 넘게 팔린 베스트셀러가 되었다. 2005년에 는 요리 연구가와 공동으로 집필한 《야채가게 총각들 부엌으로 들어간 이유》를 출간해서 주부들에게 좋은 반응을 얻기도 했다. 그 덕에 이영석 대표의 인지도는 물론이고 회사의 브랜드도 같이 급상승했다.

놀라운 성공을 거두고도 그는 담담하게 "아직도 여러 기업체와 기관 등에서 강의 섭외 요청이 쇄도하고 있습니다. 하지만 한 달에 다섯 번 정도만 강의에 나가겠다고 다짐을 했습니다. 사업에 더 신경을 쓰기 위해서입니다. 이 세상에 안정화된 사업은 없다고 생각합니다. 대기업들도 한 순간에 무너지는 세상이잖아요"라고 말한다. CEO들이 깊이 새겨들어야 할 말이다.

장안농장의 상추 CEO 류근모 대표, 오케이아웃도어닷컴의 장성덕 대표, 총각네 야채가게의 이영석 대표 등, 이들은 책을 출간하고 나서 달라진 삶을 체험하고 있다. 그들은 이제 가슴 뛰는 삶을 살면서 이전보다 더욱 바쁜 나날을 보내고 있으리라. 그리고 책을 통해서 본인과 회사의 브랜드 가치가 상승하고, 자연스럽게 광고효과로 이어지는 선순환 구조를 바라보며 놀라워할 것이다.

결국 책을 내는 것은 CEO 자신과 회사를 위한 것이다. 왜냐하면 그 책은 그냥 가만히 놓여 있는 것이 아니라 살아서 꿈틀거리기 때문이다. CEO가 가만히 있어도, 회사가 움직이지 않아도 책은 누군가의 품에 안겨서 회사를 홍보해준다.

CEO들이여, 가슴 뛰는 삶을 살고 싶은가? 그렇다면 지금 당장 책을 써라! 책은 그대들을 새로운 세상으로 안내할 것이다. 당신 이름으로 된 책 한 권은 그대들의 진정한 보물이자 동반자가 될 것이다. 그리고 회사의 최고의 마케팅 수단이 될 것이며, CEO 자신의 브랜드를 한층 빛내줄 것이다.

# STEP 2
## 사장님이 책을
## 써야 하는
## 네 가지 이유

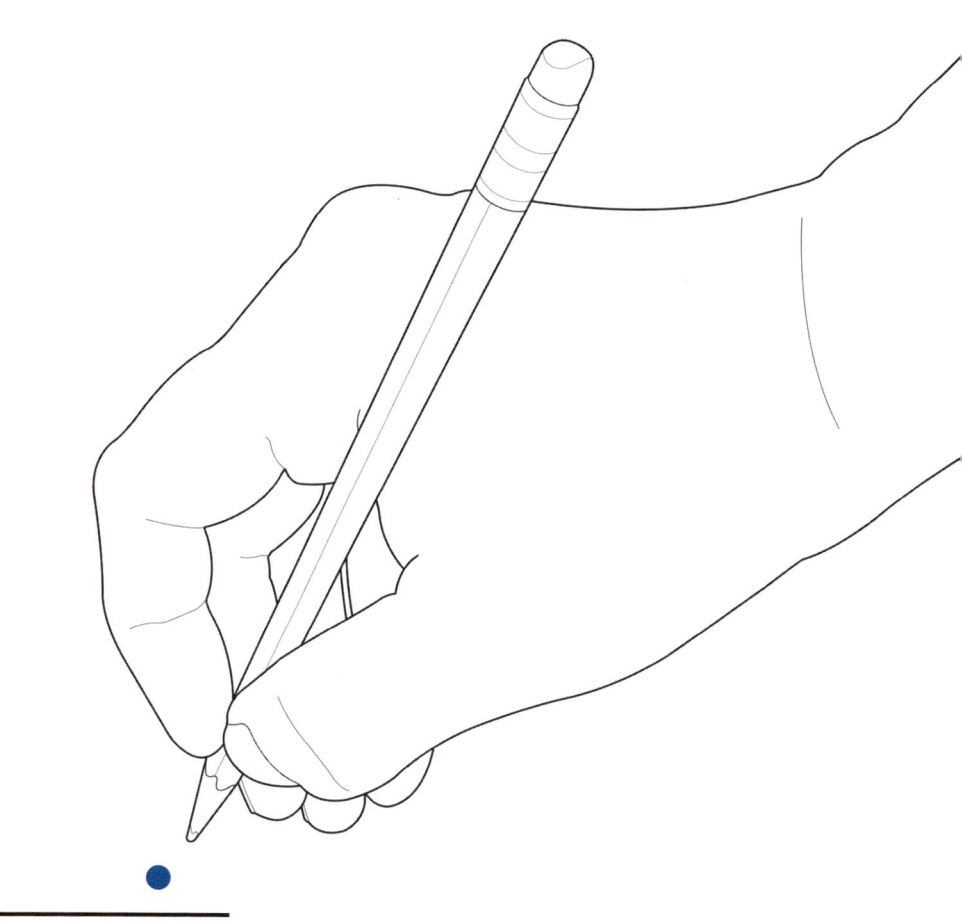

유명한 사람과 유명하지 않은 사람,
성공한 사람과 성공하지 못한 사람의 차이는
바로 브랜드의 차이다.

# 유 박사가 책 쓰기 코칭을
# 시작한 이유

"길문아! 나는 네가 공부 열심히 해서 나중에 훌륭한 선생님이 되었으면 좋겠다."

우리 어머니는 내가 어렸을 때부터 줄기차게 이런 말을 했다. 어머니에게 선생님은 대한민국에서 최고로 좋은 직업이었다. 그래서 선생님이 비 오는 날 가정방문이라도 오시면 신발도 신지 않고 질퍽질퍽한 마당까지 달려 나와서 맞이하곤 했다.

중학교 동기 100명 중에서 고등학교에 진학한 학생은 나를 포함해서 손가락으로 꼽을 정도였다. 대학에 입학할 때가 되어서도 어머니는 내가 선생님이 되길 원했지만,

가난한 시골집 형편을 생각하면 그럴 수가 없었다. 그래서 나는 빨리 돈을 벌 수 있는 상과대학을 선택했다.

여전히 어려운 집안 형편 때문에 나는 대학에 입학해서도 아르바이트를 하며 시간을 보내야 했다. 당연히 책을 많이 읽지도 못했다. 2002년 9월까지만 해도 나는 누가 "유길문 선생님이 대학교 졸업할 때까지 읽은 책 중에 가장 감명 깊었던 것은 무엇인가요?"라고 물으면 "심훈의 《상록수》요"라고 대답했다. "추천해줄 만한 책은 무엇인가요?"라고 물어도 "심훈의 《상록수》요"라고 대꾸했다. 책에 대해서 무슨 질문을 들어도 읽은 책이 거의 없었던 나는 심훈의 《상록수》만 댈 뿐이었다.

그러나 대학교를 졸업하고 은행에 들어간 뒤로는 경제적 여유가 생겼다. 입사하자마자 어머니의 이야기가 귓전에 맴돌아서 공부를 시작했다. 은행을 다니면서 공부를 하자니 빨리 마칠 수가 없어서 박사 학위를 마치는 데 15년이 걸렸다. 정작 어머니는 내가 박사 학위 받는 것을 못 보고 돌아가셨다. 어머니의 평생소원이었던 선생님은 못 하더라도 박사 학위를 받고 겸임 교수가 되는 모습 정도는 보여드리고 싶었는데 그렇게 못한 것이 아직 한으로 남아 있다. 어찌 되었건 나는 15년 동안 공부를 했고 그 덕에 조금씩 책을 읽게 되었다.

그러다가 2002년에 책을 더 본격적으로 읽고 싶다는 생각에 리더스클럽이라는 독서 토론 모임을 만들고 틈만 나면 책을 읽었다. 일주일에 20권도 읽었다. 도시락을 싸 가지고 도서관에 가서 가져온 책을 미치도록 읽어댔다. 원 없이, 후회 없이 읽었다. 화장실이나 차 안에서도 읽었고, 졸면서도 읽었다. 그냥 책 속에 푹 빠져들었다. 정말로 행복했다. 책 속에 푹푹 빠져드는 동안 책이 맛있고 재미있다는 것을 실감한 것이다.

책 하나하나가 새롭게 다가왔다. 어떤 책은 힘을 주었고, 어떤 책은 동기를 부여해주었고, 어떤 책은 위로를 주었다. 책이 나를 하루하루 의미 있고 행복한 시간으로 이끌었다. 어떤 책을 읽으면 다른 책과 조금씩 연결되는 느낌이 들기도 했다. 책과 책이 연결되어 있고 그 책의 주인공들이 사람이라는 자각이 드는 순간, 나는 쾌감을 느꼈다.

책 한 권의 힘이 대단하고 위대하게 보이다가도, 그 책을 만드는 것이 사람이니 사람이 더 대단하고 위대해 보였다. 그런데 다음 순간에는 또 책이 사람보다 더 위대해 보이기도 했다. 사람이 그렇게 대단하고 위대한 작업을 할 수 있도록 힘을 주는 것이 책이라는 생각이 들어서였다. 어찌 되었든 책과 사람 사이의 아름다운 관계는 나에게 감동으로 다가왔다.

그렇게 10년 넘게 3천 권의 책을 읽었다. 어떤 책은 30번 이상 읽고 또 읽었다. 책의 에센스를 관통하기 위해 보고 또 보고, 읽고 또 읽고, 생각하고 또 생각하고, 실천하고 또 실천했다. 그리고 독서 토론 모임을 이끌면서 최대한 빠지지 않고 참가해서 열띤 토론을 벌였다. 그렇게 5년이 지나자 모임도 조금씩 성장하기 시작했고, 2007년도에는 대한민국 평생학습 동아리 대상을 받기도 했다.

지금은 모임에서 독서 토론 외에도 리더스 아카데미, 리더스 지식경영 포럼, 리더스 문화 나눔 콘서트, 명품 독서 페스티벌, 청소년 독서 캠프 등 다양한 행사를 주관하고 있다. 다들 어찌나 열심히 참여하는지 서울, 부산, 대구, 광주, 대전, 안양, 경기, 군산, 익산 등 다른 지역의 독서 토론 전문가들이 벤치마킹을 하러 올 정도다.

이제 처음 리더스클럽을 만들었던 때로부터 10년이 넘는 시간이 흘렀다. 그 동안 책에 몰입한 결과, 이제 나는 책에 대한 질문에 자신 있게 대답할 수 있다. 누가 "지금 읽고 있는 책이 무엇인가요?" 하고 물으면 나는 "《시 읽는 CEO》, 《그림 읽는 CEO》, 《책 읽는 CEO》, 《멈추면 비로소 보이는 것들》, 《옛그림 속 여백을 걷다》 등등을 동시에 읽고 있습니다"라고 시원하게 대답하리라.

누가 내 기억력을 시험이라도 하듯이 "지금까지 읽은 책 중에서 가장 감동적이 책은 무엇인가요?"라고 물어오면 즉시 "《우동 한 그릇》이요. 이 책은 아주 가볍고 빨리 읽을 수 있지만 읽을 때마다 눈물이 납니다. 한번은 도서관에 가서 이 책을 읽다가 너무 감동을 받아서 눈물 콧물이 줄줄 흘렀는데 휴지가 없어서 곤혹을 치른 적도 있어요" 하고 말해주리라.

"지금까지 읽은 책 중에서 혹시 인생의 전환점이 된 책이 있다면 무엇인가요?" 같은 까다로운 질문이 들어와도 "데일 카네기의 《카네기 인간관계론》과 구본형 씨의

《그대 스스로를 고용하라》요. 강헌구 씨의 《가슴 뛰는 삶》도 제 삶에 큰 영향을 끼쳤죠"라고 자신 있게 대답하리라. 이런 질문뿐만 아니라 책에 대해서 이야기하라고 하면 한 달이 걸려도 다 못할 것이다. 애틋한 책 이야기, 책을 통해서 성장하고 발전하는 회원들의 이야기 등등……

그런데 어느 순간, 책을 읽으면서도 허전함을 느꼈다. 읽었으면 눈에 보이는 성과를 내야 하는데 일반적인 독서로는 그것이 되지 않았다. 어떻게 해야 할지 몰라 고민하던 차에 W. H. 머레이가 한 말을 보게 되었다.

헌신하기 전까지는 항상 머뭇거리고 주저하기 마련이다. 무엇이 무수한 아이디어와 계획을 무산시켰는지는 모르겠으나 모든 시작과 창조 활동에는 한 가지 진실이 있다. 자신에게 분명히 헌신하는 순간, 신의 섭리가 함께 움직인다.

가슴이 콩닥거리지 않는가? 나는 이 이야기를 눈과 마음으로 수십 번을 읽었다. 오랫동안 내 가슴에 새기기 위해서였다. 읽으면 읽을수록 힘이 났다. 나에게 무언가 해보라고 동기부여를 하는 것 같았다. 머뭇거리지 말고 새로운 도전을 하고 자신부터 변하라고 종용하는 것 같았다. 머레이가 '자신에게 분명히 헌신하는 순간, 신의 섭리가 함께 움직인다'고 하지 않았던가?

나는 그의 이야기를 곱씹으면서 내가 제일 잘하는 것이 무엇인지 찾기 시작했다. 내가 찾던 독서의 성과도 그 연장선에 있을 것 같았다. 스스로에게 이렇게 물었다.

"유길문! 네가 대한민국에서 제일 잘 할 수 있는 일이 무엇이냐?"

대답은 의외로 금방 나왔다.

"꿈과 비전이 있는 사람들이 그것을 이룰 수 있도록 동기부여하고 돕는 일이다!"

그리고 내 강점을 독서의 성과와 연결시켰다. 지금까지 10년 동안 책 읽기의 전도사였다면 앞으로 10년 동안은 책 쓰기 코칭 전문가가 되어야겠다고 생각했다. 3천 권의 독서를 디딤돌 삼아 '나와 다른 이가 모두 행복해지는 책 쓰기'라는 성과를 내면 되는 것이다.

그래서 지금까지 네 권의 책을 썼다. 쉬운 일은 아니었다. 처음에는 아무것도 몰랐다. 그냥 하면 된다는 정신력 하나로 무에서 유를 창조하는 마음으로 썼다. 그리고 하나씩 하나씩 출판계약을 해냈다. 이제는 책 쓰기 코칭에 자신이 있다. 왜냐하면 지금까지 25년 동안이나 사람들의 이야기를 들어준 데다 10년 동안 3천 권의 책을 독파했고 책도 써봤기 때문이다. 거기에 다양한 리더십, 코칭, 심리 관련 프로그램까지 공부해서 누구를 만나더라도 그의 눈높이에 맞추어서 들어줄 자신이 있다. 그렇기 때문에 나는 책을 쓰고 싶어 하는 CEO를 적극적으로 도와줄 수 있다.

그래서인지 주위에 있는 많은 CEO와 리더들이 책 쓰기에 대해서 도움을 청하곤 한다. 얼마 전에도 가까운 학원 원장이 책을 쓰도록 도왔다. 문자며 메일이며 통화를 하면서 힘과 용기를 불어넣어 주었더니, 나를 만난 지 1년도 채 되지 않아 두 권이나 출판계약을 맺었다.

그런데 언제부터인가 주위에서 책 쓰기 노하우를 청할 때마다 조금 부담이 되었다. 같은 내용을 매번 말하기도 힘들었고 말보다 더 체계적으로 조언을 해주고 싶었다. 그래서 책을 쓰고 싶어 하는 CEO와 리더가 책을 내고 자신들이 정말로 원하는 설레는 삶을 살 수 있도록, 직접적인 도움을 주기 위해서 이 책을 집필하기 시작했다.

나는 선포한다. 지금까지 10년 동안 책 읽기에 몰입했다면 앞으로 10년 동안은 책 쓰기에 몰입해서 나의 모든 역량을 집중해보리라고. 내 에너지의 8할을 책 쓰는 데와 주변 CEO들이 책을 쓸 수 있도록 돕는 데에 쓰겠다고. 그리고 10년 뒤에 스스로에게 이렇게 말하고 싶다.

"유길문, 너 정말로 수고했다. 어머니 기쁘게 해드리려고 15년 동안 고생해서 박사 학위도 따고, 리더스클럽이라는 대한민국 최고의 독서 토론 모임도 만들어서 3천 권이나 되는 책을 읽었잖아. 게다가 자신만의 비전을 찾아서 책 쓰기 코칭 전문가가 됐으니 얼마나 좋아? 책 쓰고 싶어 하는 주변 사람들과 자신에게 모든 열정과 에너지를 쏟았으니 너는 대한민국 최고의 책 쓰기 코칭 전문가야! 유길문, 최고다! 파이팅!"

# 2

# CEO들이 꼭
# 책을 써야 하는 이유

나는 스스로를 계발하고 사람들을 돕고 싶어서 책을 쓰기로 했다. 그렇다면 눈코 뜰 새 없이 바쁜 CEO들이 책을 써야 하는 이유는 무엇인가? 거기에는 크게 두 가지 이유가 있다. 첫 번째는 CEO와 회사의 브랜드 가치를 상승시키기 위해서이고, 두 번째는 매너리즘에 빠진 자신과 회사에 새로운 활력을 불어넣기 위해서다.

먼저 첫 번째 이유를 더욱 상세하게 고찰해보자. 미국에서 마케팅 컨설턴트로 유명한 데이비드 미어먼 스콧은 "내 이름은 곧 나의 브랜드다. 이것이 나의 가장 큰 경쟁력이다. 당신의 이름을 브랜드화 하는 것은 힘의 기제를 촉발시키는 가장 비상한 방법이다. 그 순간 당신은 사람들이 원하는 것에 대해 전문성을 가진 사람이 된다. 브랜드화 된 이름은 당신을 순식간에 해당 분야의 전문가, 선두주자로 만들어준다"라고 했다. 브랜드의 중요성을 이렇게 일목요연하게 설명해주는 글은 만나기 힘들 것이다.

그의 말대로 이름은 매우 중요하다. 내 이름이 곧 내 얼굴이고 나를 대표하는 것이므로 사람들에게도 알려야 한다. 유명한 사람과 유명하지 않은 사람, 성공한 사람과 성공하지 못한 사람의 차이는 바로 브랜드의 차이다. 유명한 사람과 성공한 사람들은 자기만의 고유 브랜드를 가지고 있다. 나를 홍보하고 내가 시장에서 평가받는 것을 두려워하지 않을 때 자신의 이름은 곧 브랜드로 자리매김한다. 처음에 브랜드로 자리 잡기가 힘들어서 그렇지, 한번 자리를 잡으면 그때부터 자신의 브랜드는 경쟁력의 원천이 되고 전문가로 인정받게 된다.

대한민국 CEO들에게 묻고 싶다. 지금 여러분은 자신의 브랜드를 높이기 위해서 어떤 노력을 하고 있는가? 당신과 회사의 브랜드를 높이는 최고의 비결은 무엇이라고 생각하는가? 나는 그 비결이 자기 이름으로 된 책 한 권을 펴내는 것이라고 자신 있게 말할 수 있다. 이것은 세계적으로 가장 존경받는 경영학의 구루 피터 드러커가 생전에 한 말이다. 그러니 당신의 경쟁력과 브랜드를 높이기 위해 무조건 책을 써야 한다.

김난도 교수, 혜민 스님, 서두칠 CEO, 정문술 CEO, 공병호 소장, 안상헌 작가, 안도현 교수, 강헌구 교수, 김성오 대표, 정성덕 CEO, 조앤 롤링, 파울로 코엘료, 김미경 원장, 박경철 원장, 조관일 소장, 박성원 소장 등의 공통점은 자기 이름으로 된 책을 출간했다는 것이다. 처음에는 이 사람들이 무슨 일을 하는지, 무슨 생각을 하는지, 무엇을 잘하는지 아무도 몰랐을 것이다. 그러나 이들은 자신의 경험, 연구를 통해서 얻은 통찰, 자기 철학과 지혜 등을 책에 담아 세상에 공표했다. 그들의 메시지에 공감하는 팬들이 하나둘씩 늘어났고, 저자들은 점점 자신만의 브랜드를 확고히 할 수 있었다.

이것이 책의 힘이다. 처음에는 미미하겠지만 누군가 나의 이야기에 귀를 기울이고 반응하기 시작할 것이다. 평범한 사람들도 바쁜 시간을 쪼개서 책을 내는 마당에 기업을 이끌어가는 CEO가 멈칫거려서야 되겠는가? 게다가 CEO가 책을 출판하게 되면 한 번에 세 마리 토끼를 잡는 셈이다. 왜냐하면 본인과 회사의 브랜드 이미지가 제고되고 매출까지 급상승할 수 있기 때문이다.

두 번째 이유는 책 쓰기가 자신에게 변화를 촉진하는 매개체가 될 수 있기 때문이다.

사실, 변화는 우리를 다그친다. 변화는 우리에게 손짓한다. 변화는 우리를 몸부림치게 한다. 변하지 않으면 안 되는 흐름이다. 변화해야 생존할 수 있다고, 변화해야 기업을 꾸려 이끌어갈 수 있다고 여기저기서 난리다. 기왕 변화해야 한다면 머뭇거릴 필요가 없다. 변화를 이끌어낼 때 힘센 저항에 부딪칠 수도 있다. 그러나 앞으로 나아가야 한다. 아주 명확한 목표를 정하고, CEO인 내가 먼저 변화하면서 일관되게 행동으로 옮기고 솔선수범하는 모습을 보여주어야 한다. 어려운 환경과 상황에 처하더라도 긍정적인 자세를 가지는 것이 중요하다.

솔개에 대한 재미있는 이야기가 하나 있다. 솔개는 30년이 지나면 부리와 발톱이 무뎌져 제대로 사냥을 할 수 없게 된다. 이제 솔개는 두 가지 방법 중에서 하나를 선택해야 한다. 그냥 그럭저럭 삶을 마감할 것인지 아니면 피나는 노력을 기울여 갱생해서 더 멋진 비상을 할 것인지.

생존을 위한 솔개의 선택은 우리를 감동시킨다. 무뎌진 부리를 복원시키기 위해 높은 바위에 올라가서 자기 부리를 바위에 부딪쳐 뽑아낸다. 그런 뒤에 발톱도 모두 뽑아내고 깃털마저 하나씩 하나씩 모두 뽑아낸다. 그런 과정을 거치면 부리와 발톱, 깃털이 새로 난다고 한다. 그런 변화의 몸부림 덕분에 솔개는 40년을 더 살 수 있는 새로운 솔개로 태어나는 것이다. 자신의 부리, 발톱, 깃털을 뽑아내는 것이 얼마나 아프고 힘들겠는가. 하지만 솔개의 생존을 향한 간절함이 그런 피나는 과정을 기꺼이 감내하게 했을 것이다.

CEO들이여! 지금 그대들이 운영하는 기업의 현실은 어떠한가? 이제 새로운 전환점을 마련하고 변신을 모색할 시간이 아닌가? 사업 생존을 위해서 새로운 돌파구를 마련하고 싶은 마음이 들지 않는가? 지금 하고 있는 회사가 도약하기 위해서, 아니 회사의 생존을 위해서 색다른 도전을 시도해야 한다고 생각지 않는가?

솔개가 간절함을 가지고 새로운 변신을 시도했듯이 우리도 간절한 마음으로 생존을 위한 책 쓰기 여행을 떠나야 한다. 책을 쓰지 못할 여러 가지 이유가 많을 것이다. 그렇지만 회사 사업의 생존을 위한다는 마음으로 책 쓰기에 도전해보자. 물론, 책 쓰기가 쉽지만은 않다. 그렇기 때문에 기회라고 생각한다. 어려우니까, 쉽게 이룰 수 없으니까 책 쓰기에 경쟁력이 있는 것이다. 무한 경쟁 시대에 접어든 지금, 사업 생존을 위한 자기 혁명의 마음으로 책 쓰기를 선택하고 행동해야 할 때이다.

정리하자면, 책을 써야 하는 이유는 아래와 같다.

첫째, 당신 이름으로 책을 쓰면 자신의 브랜드 가치가 상승해서 전문가로 인정받게 된다.

둘째, 당신 이름으로 책을 쓰면 최고의 자기계발이 이루어진다. 책을 쓰려면 쓰고자 하는 주제와 관련 있는 자료를 수집하고, 책을 읽고, 생각하고, 끊임없이 공부해야 하는데 이 모든 것은 자기계발로 이어진다.

셋째, 누군가에게 힘이 되고 위로가 되고 즐거움을 줄 수 있으며 그의 열정에 불을 지필 수 있다. 그래서 오랫동안 사람들이 저자를 기억하게 된다.

넷째, 책이 세상과 소통할 수 있는 계기가 된다.

다섯째, 책을 쓰면서 오랫동안 몰랐던 자신의 잠재 능력과 가능성을 발굴할 수 있다. 새로운 자신을 발견하면 인생의 전환점을 맞을 수도 있다.

여섯째, 책 쓰기는 최고의 마케팅 수단이 된다. 책을 쓰면 자신의 브랜드가 상승하고 기업이나 관공서 등에서 강연 요청을 받게 된다. 자연스럽게 회사의 신뢰도도 올라가고 매출이 증가할 것이다.

일곱째, 자신의 책 한 권은 이후 든든한 은퇴 자본이 된다. 책을 쓰면 인세 수입뿐만 아니라 강연, 코칭, 컨설팅 등 다양한 형태의 수입이 생길 수 있다.

여덟째, 책을 쓰면 자연스럽게 자신의 기업이 변화할
수 있는 계기가 된다.

CEO들이 왜 책을 꼭 써야 하는지 여러 가지 이유를 들
어보았다. 책을 쓰고 나서 지금보다 한층 더 나아진 모습
을 상상하라. 책을 쓸 것인가, 아니면 그대로 멈춰서 있
을 것인가? 선택은 물론 당신의 몫이다. 그러나 나는
CEO가 자신만의 이야기보따리를 풀어내기를 강하게 소
망한다. 사업을 하고 인생을 살아오면서 얻은 지식과 지
혜를 사람들과 나누고 싶다는 간절함만 있으면 당신은
자기 이름으로 된 책 한 권을 써낼 수가 있다. 혹시 책을
어떻게 써야 할지 몰라 두려운가? 그렇다면 요한 볼프강
폰 괴테의 《파우스트》에 나오는 말을 살펴보자.

빈둥거리며 오늘을 허비하는 것은 계속 되풀이된다. 내
일, 그리고 그 다음날은 더욱 느려지며 망설일 때마다 점
점 더 늦어지나니. 지나간 날들을 한탄하며 시간은 흘러

간다. 그대는 진지한가? 그렇다면 바로 이 순간을 붙잡으라. 대담함 속에는 재능과 능력과 마법이 담겨 있나니. 결심하라, 그러면 마음은 뜨거워진다. 시작하라, 그러면 그 일은 이루어질 것이다!

대담한 결심을 하고 행동으로 옮기면 그 일은 무조건 이루어질 것이라는 말이 귓전을 맴돈다.

사업 생존을 위해 몸부림치는, 존경하는 대한민국 CEO들이여! 이제 점프하고 싶은가? 그렇다면 이제는 책 읽기의 매너리즘에서 빠져나와 지금 당장 펜을 들어라! 책을 읽되 책을 쓰기 위해 읽자. 당신에게 꿈과 비전과 희망을 주는 책을 통해서 또 다른 블루오션을 창출하자. 대한민국의 모든 CEO들이 자기 이름으로 된 책 한 권을 통해서 새로운 전환점을 맞이했으면 좋겠다. 이제 위대한 자기 혁명의 프로젝트인 책 쓰기를 결심하고 바로 오늘부터 한 줄씩 써내려가라! 그러면 여러분들이 원하는 멋진 장이 펼쳐질 것이다.

# 3년마다
# 한 권씩 내야 하는 이유

"책을 쓰며 콘텐츠를 만드는 일에 집중하는 것도 중요하고, 기업들의 밀려드는 컨설팅 의뢰를 처리하기 위해 회사를 세우고 키워가는 것도 중요하니 무엇을 먼저 해야 할지 결정을 못하겠어요."

"조직을 갖는 순간, 먹여 살려야 하는 가족이 생기고, 가족을 먹이려면 아이디어를 열심히 짜내야 하는데 그러면 신선한 아이디어를 만들어내지 못해 영향력이 추락할 수밖에 없다. 물론, 회사를 세워 사업한다면 경제적으로는 성공할 것이다. 그러나 분별력과 힘을 가진 이들에게 영향을 미치고 싶다면 콘텐츠를 위해 노력하라."

세계적으로 유명한 경영학자인 짐 콜린스와 피터 드러커의 대화 내용이다. 짐 콜린스는 멘토로 모시는 피터 드러커의 이야기에 귀를 기울였고 컨설팅에 대한 미련을 버리고 책 쓰기에 몰입했다. 그렇게 해서 나온 작품이 CEO와 리더들이 전 세계적으로 즐겨 읽는 대형 베스트셀러 《좋은 기업을 넘어 위대한 기업으로》다. 이 책 한 권이 짐 콜린스를 경영학의 대가로 만들었다. 많은 기업을 운영하는 CEO들은 이 책을 읽고 폭발적으로 반응했고 콜린스의 컨설팅 사업 규모는 엄청나게 성장했다.

짐 콜린스와 피터 드러커의 대화가 던져주는 메시지는 간단하다. 무언가 새로운 돌파구를 마련하고 싶고, 장기적인 포석에서 성장 동력을 준비하기 위해서 책 쓰기는 선택이 아니라 필수라는 것이다. 피터 드러커는 96세의 일기로 세상을 마감할 때까지 저술, 강연, 컨설팅 활동을 왕성하게 했다. 또한 3년에서 4년 주기로 새로운 주제를 정해서 집중적으로 공부하고 몰입하여 지속적으로 책을 저술했다. 나오는 신간마다 CEO들의 필수품이 되었는데, 왜냐하면 그의 경영 철학과 지혜가 CEO들에게 앞으로 나아갈 방향과 비전을 제시했기 때문이다.

피터 드러커가 주저 없이 책 쓰기를 우선하라고 말할 수 있었던 동인은 무엇이었을까? 그가 생을 마감할 때까지 왕성하게 활동할 수 있었던 힘은 어디서 나온 것일까? 아마도 책에서 얻은 통찰력 때문이리라. 피터 드러커는 18세에 베르디의 오페라를 관람하고 베르디의 인터뷰를 읽으면서 인생의 전환점을 만났다고 이야기했다. 과연 그는 베르디의 어떤 부분에 감동을 받았을까? 여기에 80세의 베르디가 인터뷰했던 내용을 공유해본다.

"19세기 최고의 오페라 작곡가로 인정받고 있으며 이미 유명해진 사람이, 엄청나게 벅찬 주제를 가지고, 더구나 그 나이에 왜 굳이 힘든 오페라 작곡을 계속하는가?"
"음악가로서 나는 일생 동안 완벽을 추구해왔다. 완벽하게 작곡하려고 애썼지만, 하나의 작품이 완성될 때마다 늘 아쉬움이 남았다. 때문에 나에게는 분명히 한 번 더 도전해볼 의무가 있다고 생각한다."

피터 드러커는 이 이야기를 통해 삶의 기준점, 삶의 큰 방향을 설정했다. 일단 도전한 것은 절대로 포기하지 않고 계속 시도하겠다는 베르디의 교훈을 인생의 길잡이로 삼으리라 결심한 것이다. 살아가는 동안 완벽을 시현할 수는 없지만, 그래도 언제나 완벽을 추구하리라고 다짐했다. 이런 마음가짐을 죽을 때까지 잊지 않았기 때문에 피터 드러커는 우리에게 인생의 모델이 되었다.

그의 책을 읽으면 자주 등장하는 단어가 있다. 성과, 강점, 공헌, 우선순위, 피드백, 명확한 목표 등등……. 피터 드러커는 우리에게 명확한 메시지를 전하고 있다. CEO와 리더라면 성과를 내야 한다고. 그러기 위해서는 명확한 목표를 정하고, 강점을 인식하며, 우선순위에 따라 행동해야 하고, 그 행동을 주기적으로 피드백해야 하며, 항상 공헌에 초점을 맞추어야 한다고 말이다. 피터 드러커는 말한 대로 실천했다. 그는 3, 4년마다 새로운 주제를 선택하고 거기에 몰입해서 책을 썼다. 그리고 관련 있는 강연을 하고 기업에 컨설팅을 했다.

그가 그렇게 짧은 주기로 책을 썼다면 우리도 도전해야 하지 않을까? 우리가 책 한 권을 쓰는 것은 매번 새로운 주제를 연구하는 것이 아니라 이미 고여 있는 지혜의 샘물을 퍼내는 것이다. 당신 안에 있는, 누군가에게 힘이 되어줄 수 있는 것을 발견해서 쓰기만 하면 된다. 첫 문장을 쓰는 순간, 내면의 용광로가 분출해서 글을 써내려가는 동안 쾌감을 느낄 것이다.

공병호, 조관일, 김난도, 안상헌, 강헌구 등등 우리 주위에도 매년 책을 내는 저자들이 많이 있다. 그들이 왜 책을 쓴다고 생각하는가? 그들이 CEO인 당신들보다 훨씬 더 시간이 많아서 책을 쓴다고 생각하는가? 절대로 그렇지 않다. 그들은 목표가 있기 때문에 책을 쓴다. 책의 진정한 가치와 위력을 알기 때문이다. 책을 읽는 것도 중요하지만 자기가 쓴 책 한 권의 힘은 말로 표현할 수 없을 정도로 파워가 있다는 것을 알기 때문이다.

CEO 및 리더들이여! 지금 당장 피터 드러커처럼 책 쓰기를 시작하라! 그가 우리에게 지식과 통찰과 영감을 주었듯이 그대들의 지혜의 샘을 발산하라! 책 한 권의 힘을 과소평가하지 마라! 그대들이 쓴 책은 소리 없이 반향을 일으켜 누군가에게 인생의 전환점이 되리라!

# 그 CEO들이
# 성공한 이유

성공한 한국 CEO들이 우리에게 던지는 메시지

**1** 무엇을 할지 정하라.

**2** 하루하루 최선을 다하라.

**3** 이길 수 있는 전략을 짜라.

**4** 6개월의 룰을 기억하라.

어떤 일을 시작하면 적어도 6개월은 몰입해야 한다는

것이다.

**5** 끈기 있게 한 우물을 파라.

**6** 성공 사례를 찾고 활용하라.

CEO 리더십 연구소의 김성회 소장의 《성공하는 CEO의 습관》에 있는 내용이다. 모두 마음속에 새기고 싶지 않은가? 이 메시지처럼 무엇을 할지 정하고 하루하루 최선을 다한다면 무엇인들 못하겠는가? 실행을 하기 전에 이길 수 있는 큰 그림을 구상하고 6개월 정도 몰입한다면 이루지 못할 것이 무엇이 있겠는가? 여기저기 기웃거리기보다 한곳에 깊이 몰입하는 것이 중요하다. 주위를 둘러보면서 성공한 모범 사례들을 벤치마킹하고 실제로 활용하는 것도 시간을 많이 절약할 수 있으리라.

여기에 성공한 CEO들이 한결같이 성공 동인으로 꼽는 것이 하나 더 있다. 바로 생활화된 독서다. 사업을 하느라 눈코 뜰 새 없이 바쁜 와중에도 그들은 항상 책을 곁에 두고 책 속에서 아이디어와 영감을 얻었다.

역대 미국 대통령들 중에서 가장 존경받는 몇 명을 꼽으라면 누가 떠오르는가? 혹시 《큰 바위 얼굴》이라는 책에 나오는 대통령들을 아는가? 그들은 바로 워싱턴, 제퍼슨, 링컨, 루스벨트다. 흥미롭게도 이들은 공통적으로 '한국의 성공한 CEO들이 우리에게 던지는 메시지'를 실천하고 독서를 생활화했다. 성공한 사람들은 성공의 DNA를 개발하나 보다. 말은 쉽지만 지속적으로 실천하기는 어려우니 말이다.

그리고 성공한 대한민국의 CEO들과 존경받는 미국 대통령들의 공통점을 곰곰이 생각해보니 퍼뜩 머릿속을 스쳐가는 단어가 있었다. 그것은 아마도 위기관리 능력이 아닐까 싶다. 성공한 CEO들이라고 해도 사업을 하면서 위기 상황을 전혀 경험하지 않고 성공하지는 않았으리라. 미국의 존경받는 대통령들도 마냥 순탄하게 국정을 운영하지는 않았으리라. 어느 시인의 말처럼 흔들리지 않고 피는 꽃이 어디 있으며, 젖지 않고 피는 꽃이 어디 있겠는가? 흔들리고 젖었기 때문에 더욱 화사하게 피어났고, 과거의 쓰라린 경험이 지식을 넘어 지혜의 샘으로 거듭날 수 있었으리라.

최근 일본 시인에 관련된 기사를 읽었는데 나태해지는 나의 마음을 바로잡는 계기가 되었다. 시바타 도요라는 할머니가 90세부터 99세까지 약 9년 동안 시 쓰기에 전념해서 《약해지지 마》라는 시집을 냈고 이 책이 많은 사람들의 심금을 울렸다는 기사였다.

아흔의 나이에 시에 푹 빠져들어 9년 동안 시를 썼다는 사실이 놀랍지 않은가? 대한민국의 CEO들도 나이, 환경, 조건과 같은 수없이 많은 내부적 · 외부적 변수를 극복하면서 지금의 회사를 일구어낸 사람들이다. 아마도 성공한 CEO들은 하면 된다는 긍정적인 생각을 가지고 도전한 사람들일 것이다.

여기서 잠시 소개하고 싶은 시가 하나 있다. 72세에 서울대학교를 정년퇴직하고 현재 한양대학교 석좌교수로 있는 윤석철 교수가 제일 좋아하는 시, 〈참나무〉가 그것이다.

참나무

테니슨

그대들 인생을

젊어서나 늙어서나

저 참나무처럼 살아가라.

봄철에는 영롱하게

생동하는 금처럼.

여름철엔 풍성하게

그리고 가을이 되면

가을답게 변하여

취기醉氣에서 깨어난

해맑은 금이 되라.


그의 모든 잎은

드디어 낙엽으로 지지만,

보라! 늠름히 서 있는

등치와 가지,

적나라赤裸裸한 힘을!


  윤 교수는 양주동 박사에게 선물 받은 이 낡고 오래된 시집을 57년 동안 고이 간직했다. 그는 이 시를 수없이 소리 내어 읽으며 실천하기 위해 노력했다고 한다.

  내가 이 시를 처음 접했을 때, 읽으면 읽을수록 힘이 솟구쳤고 새로운 메시지를 전하는 것 같았다. 지금까지도 잘해왔지만 앞으로 나의 잠재 능력과 가능성을 더 맘껏 발휘해보라고, 그래야 나중에 절대로 후회하지 않을 것이라고 말하는 것 같았다.

나는 이 시를 읽으면서 가슴이 콩닥콩닥 뛰었다. 아마도 그래서 성공한 CEO들이 책과 시를 가까이 했으리라. 성공한 CEO들 대부분은 애송시 한두 편은 꼭 외우고 있다. 그들은 힘들 때 그 시를 외우고 거기에 빠져들어 시와 대화하면서 응어리진 한을 발산하고, 더 나은 매일을 맞이하기 위해 노력했던 것이다.

우리 대한민국의 CEO와 리더들도 애송시를 읊으며 스트레스를 풀고, 적극적인 자세로 문제에 도전해보자. 분명히 성공과 즐거운 변화, 그리고 자신의 책을 쓸 수 있는 훌륭한 문장력이 따라올 것이다.

# STEP 3
## 상상을
## 초월하는
## 책 한 권의 이익

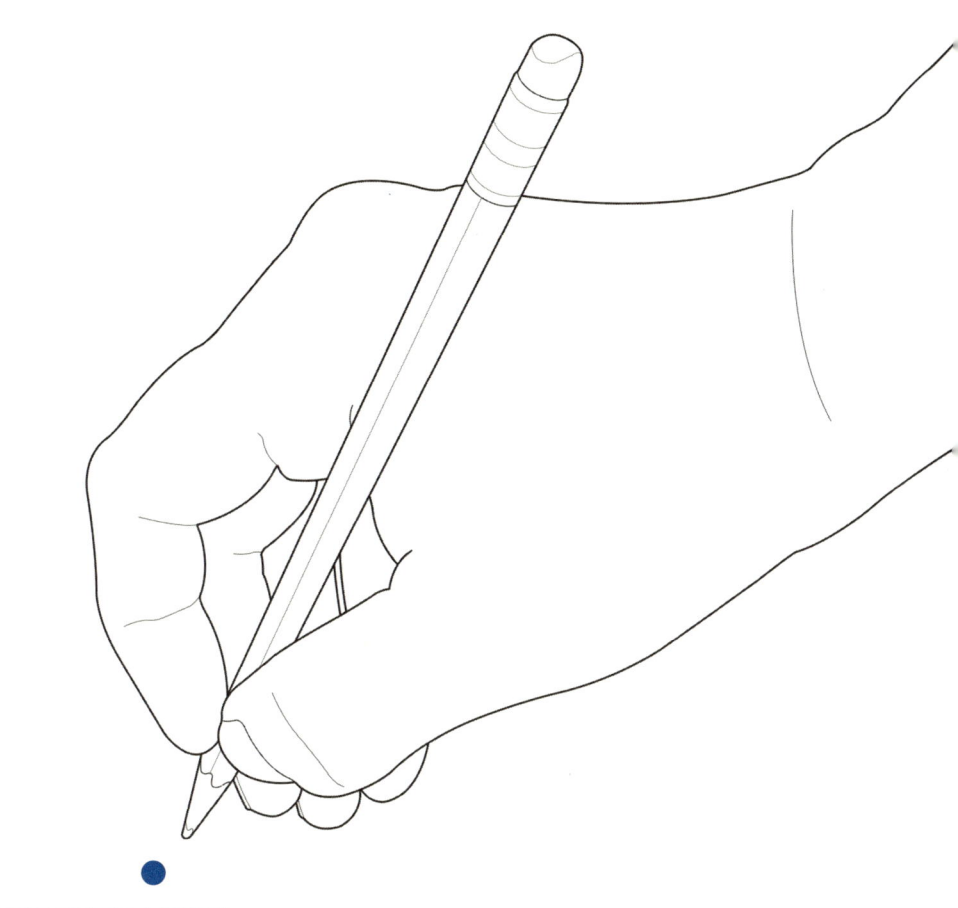

책의 강점은,
당신이 가만히 앉아서 사업을 고민하고 있을 때에도
당신의 입이 되고 발이 되어 당신과 회사의 가치를
알리고 다닌다는 것이다.

# 1

# 억대 연봉을
# 뛰어넘는 이익

비즈니스라는 말에는 많은 의미가 내포되어 있다. 대차
대조표는 그중 일부에 불과하다. 비즈니스는 강물처럼
끊임없이 흐르고 구름처럼 변화무쌍하며 물고기처럼 활
기로 가득 차 있다. 때로는 가을 매처럼 드높이 비상했다
가 때로는 낙엽처럼 팔랑팔랑 떨어져 황량한 폐허를 이
루기도 한다. 필요, 욕망, 탐욕, 만족이 물질적인 보상을
초월한 이타심, 헌신, 희생과 뒤섞이는 신비한 연금술의
과정이 바로 비즈니스이다. 비즈니스는 만인의 열망을
충족시키며 우리 모두의 육체적인 안전과 행복의 원천이
기도 하다. 비즈니스를 추진하는 과정은 고달프면서도

매혹적이고 창의적이다. 비즈니스는 고차원의 예술로 분류될 만하고 개인적으로 자아와 사회를 위해 무한한 열정을 바칠 만한 가치가 있으며 또 가장 큰 만족을 준다. 나는 비즈니스의 드넓고 끝없는 세계를 맛보고 돌아왔다.

《프로페셔널 CEO》의 공동 저자 헤럴드 제닌의 말이다. 〈유니클로는 왜 이 책을 경영 바이블로 삼았는가〉라는 이 책의 부제가 말해주듯이 유니클로 회장 야나이 다다시는 이 책을 가리켜 "이 책이, 내 인생 최고의 경영교과서다. 내가 지금껏 해온 경영은 틀렸다! 나의 경영은 서툴렀다. 경영이란 바로 이런 것이다"라고 말했다. 도대체 어떤 책이기에 야나이 다다시가 이렇게까지 극찬을 하고 있는지 궁금하지 않은가? 책 속으로 한번 들어가보자.

이론만으로는 기업은 물론 그 어떤 것도 경영할 수 없다.

비즈니스 세계에서 보수는 두 가지로 지급된다. 바로 돈과 경력이다. 먼저 경력을 쌓아라. 그러면 돈은 자연히 뒤따를 것이다.

모든 기업은 두 개의 조직을 갖고 있다. 공식적인 조직은 도표에 드러나 있으며 다른 하나는 조직 구성원들의 실제 관계 속에 숨어 있다.

경영자는 경영을 해야 한다!
경영자는 경영을 해야 한다!
경영자는 경영을 해야 한다!
도대체 몇 번을 말해야 알아듣겠나?

사실 리더십은 가르칠 수 없다. 그저 학습될 수 있을 뿐이다.

한마디 한마디가 뒤통수를 강하게 내리치는 느낌이 들지 않는가? 기존의 패러다임을 바꾸고 새로운 생각을 할 수 있는 동인을 제공한다고 생각하지 않는가? 어쩌면 유니클로 회장도 이런 메시지에 반했는지도 모른다. 회장이 이 책을 읽고 난 뒤에 유니클로는 새로운 성장 가도를 달렸다고 한다. 이 책은 유니클로에게 기존 경영 패턴을 새롭게 인식하고 처음부터 다시 새롭게 구상할 수 있는 틀을 제공해준 셈이다.

야나이 다다시에게 《프로페셔널 CEO》는 사막의 오아시스와 같은 것으로, 새로운 정보와 통찰력과 영감을 준 보물이었다. 훌륭한 책 한 권과의 만남을 통해서 지금 경영하고 있는 회사의 성과를 몇 배로 올리는 것도 가능하다고 생각지 않는가? 하물며 CEO인 당신이 직접 쓴 책이라면 회사에 어떤 영향을 미치겠는가? 당신이 시간을 내서 쓰고, 당신의 비전과 철학과 신념이 스며들어 있는 책은 말로 표현할 수 없을 정도의 효력을 발휘할 것이다.

정신과 전문의 묘요한을 아는가? 최근 그는 《천 개의 문제, 하나의 해답》이라는 심리 치유 에세이를 출판했다. 이 책의 핵심은 '불안함과 외로움, 삶의 고단함에 지친 사람들을 치유하기 위한 따뜻한 마음의 발로'였다고 한다. 2012년 5월 홍대 인근에 위치한 카페 꼼마에서 출판 기념 특강이 열렸는데, 20대 젊은 층부터 50대 중년층까지 많은 사람들이 참석해서 저자의 이야기에 귀를 기울이는 모습이 인상적이었다.

문요한 저자는 강연에서 "이 책은 제가 17년간 정신과 의사로서 겪은 경험을 토대로 썼습니다. 많은 분들의 고민과 문제를 바라보면서 건강한 삶을 살기 위해 필요한 것을 담으려 노력했습니다. 제게 오시는 분들은 모두 자기가 개인적인 문제를 안고 있다고 생각하시는데, 문제를 파고들다 보면 빛이 프리즘을 통과하는 것처럼 공통적인 원인과 해법이 있어요. 저 자신도 그런 문제를 경험하기도 했고요"라고 힘주어 이야기했다. 17년 동안 병원장을 지내면서 경험한 실전 경험과 노하우를 책으로 출판했으니 이 얼마나 가슴 벅찬 일인가? 제일 흐뭇하고, 가슴 뛰는 황홀감의 혜택을 본 사람은 저자인 문요한 원장 본인이리라.

그는 이 책 외에도 《굿바이, 게으름》, 《천 개의 문제, 하나의 해답》, 《나를 아는 지혜》, 《그로잉》 등 수많은 베스트셀러를 저술했다. 그 결과 그의 위상은 크게 바뀌었다. 《굿바이, 게으름》은 독자들의 사랑을 받아 20만 권 이상 팔린 것으로 알고 있다.

문요한 원장은 병원장으로서 겪은 경험의 단상들을 모아 책으로 써냈다. 우리도 마찬가지다. 주변을 살펴보면 책으로 쓸 소재는 얼마든지 있다. 쓰고자 결단하면 주제는 당신 앞에 하나둘씩 머리를 들이밀 것이다. 만약 주제가 너무 많아지면 우선순위를 정해서 주기적으로 한 권씩 책을 쓰면 된다.

그러니 망설이지 말고 책을 쓰라. 책을 읽는 것에서 멈추지 말고 이제는 당당히 자신을 세상에 표현하라. 지금까지 경험한 철학과 신념을 책 한 권에 오롯이 담아보라. 책을 쓰기로 결단한 당신에게 무엇이 문제겠는가? 그냥 행동으로 옮기면 되는 것이다. 그냥 써내려가면 된다. 잘 쓰려고 생각하지 말고 당신 안에 숨어 있는 모든 것을 꺼내 놓아라. 계속 한곳을 응시하면, 전혀 생각지도 못했던 평범한 것들이 귀중한 보석이 되어 품에 안길 것이다. 살아오면서 만난 책들, 만난 사람들, 가본 산들, 가본 나라들, 이룬 성과들, 먹어본 음식들, 터득한 통찰들, 남에게 알려주기 싫은 비책들 등등 얼마든지 당신은 자기 책 한 권을 써내려갈 수 있다.

자기 이름으로 된 책 한 권을 갖는 것은 1년 만에 연봉 1억을 버는 것을 초월한 개념이다. 연봉은 하나의 성과에 불과하지만 자신이 쓴 책은 날개가 되어 성공이라는 하늘을 거침없이 누빌 것이다. 당신이 가만히 있어도 책은 회사의 홍보 마케터 역할을 톡톡히 할 것이며 저자의 가치를 전해주는 브랜드 전도사 역할을 할 것이다. 그러니 망설이지 말고, 생각하지 말고 컴퓨터 앞에 앉아 자판을 쳐라.

# 2

# 비행기 티켓 값보다
# 더 큰 이익

세상은 착한 사람이 성공하는 것이 아니라, 활동적인 사람이 성공한다. 여행 후에 직장을 잡아라. 무조건 기업에 입사하지 마라. 세계가 나아가는 길, 세상의 흐름을 배워서 내가 좋아하는 일을 하라. 사업하고 싶으면 여행을 하라. 세상 흐름의 맥이 보인다. 그리고 무엇보다 여행은 젊어지게 해주는 것이다. 가슴 설레는 만남이 있고 꿈이 있다. 여행은 아는 것만큼 보이고, 보이는 것만큼 느낄 수 있다. 성공한 자가 여행하는 것이 아니라, 여행하는 자가 성공한다.

여행은 '돈을 소비하는 것'이 아니라, '돈 버는 기술을 배우는 것'이다. 사랑은 입술을 떨게 하지만, 여행은 가슴을 떨게 한다!

여행가이자 기업인이며 발명인인 익산농기계 김완수 대표가 《3·3·7 세계여행》이라는 책에서 젊은이들에게 들려준 조언이다. 김 대표는 누군가 직업을 물어보면 '돌아다니는 것'이라고 대답한다지만 그의 진짜 직업은 기업을 운영하는 CEO다. 현재 각종 특허 100여 건을 보유한 발명가이며 2000년도 신지식인에 선정되기도 했다.

그는 기업을 경영하면서 시간 날 때마다 해외를 여행하곤 했다. 특히 리스본의 '세계 신新 7대 불가사의 재단'에서 선정한 세계 21대 불가사의를 완주한 여행 마니아다.

그의 사무실에 가보면 다들 깜짝 놀랄 것이다. 우선, 사무실 벽을 빙 둘러서 특허며 상표권이 가득 붙어 있는 모습이 장관이다. 그리고 책장에 빼곡하게 정리되어 있는 자료들도 입을 떡 벌어지게 한다. 해외에서 보고 듣고 경험하고 취득한 자료들을 일목요연하게 주제별로 정리해둔 것도 있고, 농기계나 부품 등 다양한 분야에 대해서 떠오르는 단상이나 개선하고 싶은 점을 깨알같이 적어두고 관련 자료를 편철해서 정리한 것도 있다.

그중에서 여행 기록을 정리해서 만든 책이 《3·3·7 세계여행》과 《자유인 김완수의 세계 7대 자연경관 견문록》이다. 김 대표는 해외 출장을 갈 때면, 일정을 여유 있게 잡아서 일을 마치고 인근을 여행하곤 했다. 그 경험을 바탕으로 책까지 저술하니 회사의 이미지도 상승해서 수출 주문이 더욱 늘어나기도 했다. 즉, CEO의 관심사가 책으로 나오자 자연스럽게 회사가 홍보되고 회사의 매출 증가로 이어진 것이다.

이처럼 익산농기계 김완수 대표는 여행을 통해서 사업 아이템과 새로운 아이디어를 얻고 신지식인으로 선정되기까지 했다. 여행을 떠나기 위해 그가 지출한 비행기 티켓 값은 얼마나 많았을까? 그는 그 기회비용을 잊지 않고 여행을 새로운 통찰과 영감을 얻는 지혜의 샘으로 활용했다. 그리고 여행에서 얻은 귀중한 정보와 지식을 빼곡하게 메모하고 정리해서 책으로 펴냈다. 그렇게 심혈을 기울여 출간한 책들이 자연스럽게 김완수 대표와 회사를 홍보해서 매출 점프로 이어졌다.

CEO 및 리더들이여! 지금 당신의 관심사는 무엇인가? 당신이 지금 몰입하고 있는 분야는 무엇인가? 당신이 기업을 경영하고 있는 노하우인가? 아니면 기업을 경영하면서 틈틈이 취미로 하고 있는 다른 분야인가?

지금 당장 당신이 쓰고 싶은 주제를 선정해서 한 줄 한 줄 써내려가라. 당신 안에 숨어 있던 그 무엇은 곧 귀중한 보물로 변해서 당신의 브랜드와 회사 이미지를 끌어올릴 것이며, 매출도 덩달아 몇 배로 뛰어오를 것이다.

# 3

# 팬클럽이
# 가져다주는 이익

살아 있는 빵은 식품 첨가물을 넣지 않는다. 1~3차 발효 과정을 충실히 거친다. 밀가루에 우유, 버터, 물 등을 배합해 반죽한다. 이스트, 설탕, 소금과 함께 부풀다가 오븐 속에서 구워 나온다. 동네빵집에서 만든 이 고소하고 뜨끈한 빵은 '살아 있는 빵'이고 '식품'이고 '음식'이다.

최세호, 정진희가 함께 쓴 《대한민국 동네빵집의 비밀》 이라는 책에 나오는 내용이다. 제과점 사장이 책을 출판해서 손님들에게 선물한다면 어떤 일이 생길까? 아니 선물을 하지 않는다고 해도 손님들이 책을 사 본다면 어떤 일이 생길까? 손님들은 사장을 새롭게 바라볼 것이고, 그 순간 빵의 품격이나 부가가치가 달라지며 단골도 늘어날 것이다. 오래전에 떠났던 고객들이 돌아올 수도 있다.

이처럼 책을 출판한 순간부터 사장의 철학과 스토리가 담겨 있는 빵의 가치는 달라진다. 당연히 고객들은 그 가게의 빵에 더 큰 신뢰감을 가지게 되고, 입소문도 퍼질 것이다. 책 한 권은 10년 전에 발길을 돌렸던 고객도 돌아오게 하는 마법의 효과를 발휘할 수 있으리라!

이민웅 해군사관학교 교수는 이순신을 연구하기 위해 《임진왜란 해전사》와 《이순신 평전》을 썼고, 이순신 장군 전문가가 되었다. 그러자 이순신에 대한 그의 철학을 듣기 위해서 많은 학생과 일반인들이 귀를 기울이고 있다. 다른 예도 많다. 박현모 교수는 한국학중앙연구원의 세종실록학교에서 세종대왕의 소통과 헌신의 리더십을 집중적으로 연구하여 세종대왕의 리더십에 대한 최고의 전문가가 되었다. 최우석 전 삼성경제연구소 부회장은 일찍부터 삼국지에 관심을 가져 한국과 일본의 판본과 각종 자료를 섭렵하고, 삼국지를 경영에 접목하는 기지를 발휘하여 《삼국지 경영학》이라는 책을 저술했다. 이처럼 책을 써서 해당 분야의 전문가가 되면 사람들이 귀를 기울인다.

나는 2005년 3월에 리더스클럽 독서 토론 모임에서 《이순신의 두 얼굴》이라는 책으로 독서 토론을 한 적이 있다. 저자는 전국은행연합회에서 근무하는 평범한 은행원인 김태훈 씨다. 나는 그때 686페이지에 달하는 방대한 책을 저술한 저자의 노력과 정성에 감동했다. 2005년 3월, 《이순신의 두 얼굴》을 읽고 쓴 나의 소감은 이러했다.

이순신. 우리는 왜 그를 영웅이라 부르고 그를 존경하는가? 우리는 그에게서 어떤 리더십을 배워야 하는가? 평범함에서 비범함으로 전환한 그의 성공 비결은 무엇일까? 항상 어려움 속에서도 불굴의 인내와 강인함을 발휘할 수 있는 저력은 어디에서 나온 것일까? 그에 대한 다양한 사료를 더욱 연구하고 그의 리더십을 좀 더 본받고 싶다. 언제나 곁에서 항상 우리를 질책하고 바른길로 인도할 것 같은 그의 불호령하는 모습이 그립다.

항상 솔선수범하면서 모델링이 되고자 혼신의 노력을 다했고 포기라는 단어는 조금도 마음속에 품지 않았던 그의 도전 정신을 우리는 어떻게 해석해야 할까? 조만간에 현충사도 들러보고 부안 〈불멸의 이순신〉 촬영장에도 가서 그의 숨결을 조금이나마 느껴보고 싶다. 항상 이순신은 자신보다 부하를, 민초를, 더 나아가서 국가의 안위를 생각했다. 요즘 수신제가치국평천하, 가화만사성이라는 말이 회자되고 있건만……. 그의 중심에는 항상 국가의 번성과 백성들의 평화로움을 생각하는 큰 뜻이 있었다.

어떤 노력을 하고, 어떤 책을 읽고, 어떤 멘토가 있었기에 항상 큰 뜻을 품고 하루하루를 슬기롭게 살아갈 수 있었을까? 그 어렵고 힘든 상황에서도 기발한 아이디어와 피눈물 나는 노력의 결과물인 거북선을 만들었고, 피로가 쌓여 조금은 게으름을 피웠을 법도 한데 그는 일기를 하루도 거르지 않으려고 노력했다.

오늘날 우리에게 좋은 역사의 증거물이자 한 인간의 고뇌와 번뇌, 그리고 피비린내 나는 전쟁과 적나라한 삶의 기억들을 반추할 수 있는 훌륭한 보배인 《난중일기》를 연구해보자. 얼마나 멋진 걸작인가? 누가 이런 일을 할 수 있단 말인가? 다른 사람도 아니고 전쟁터에서 언제 죽을지 모르는 장수가 쓴 기록이기에 더욱 더 우리의 마음을 설렘과 감동으로 몰아넣기에 충분하다.

이순신 장군! 이번 책을 계기로 진정 그를 존경하고 싶다. 조금이나마 그의 큰마음을 닮고 싶다.

2005년에 읽고 쓴 소감을 지금 옮겨보니 엉성하기만 하다. 그러나 내가 지금 이 글을 그대로 적은 것은 《이순신의 두 얼굴》을 쓴 저자의 정성 어린 숨결과 노력을 존경하고 싶은 마음이 있기 때문이다.

당신도 지금 하는 일에 의미와 가치를 부여해보라. 그리고 당신만의 재능, 능력, 신념, 철학을 담아 당신 이름으로 된 책 한 권을 출간할 결단을 하라. 시간이 없다는 변명을 그만두라. 책을 출간한 사람들도 여유가 있어서 책을 쓴 것이 아니다. 그들은 많은 시간을 할애하여 관심 있는 분야를 연구하고 고민하고 분석해서 책을 냈다. 그 결과 사람들은 저자들의 글과 말에 더욱 귀를 기울이고, 거기에 반해 팬이 되며, 그들이 책을 낼 때마다 흥분하는 것이다.

 당신도 피땀 흘려 자신만의 의미와 가치가 담긴 책을 출판하면 더 많은 사람들이 당신의 팬클럽에 기꺼이 가입하고 당신이 써내는 이야기를 들어줄 것이다.

# 4

# 100억 짜리 광고
# 부럽지 않은 이익

회상해보면, 어머니의 이러한 정신들이 내게 얼마나 깊은 영향을 주었는지 알 수 있다. 아버지가 없는 가운데서도 나를 지탱해주었고, 순탄치 못했던 내 청년기에 희망을 주었으며, 나를 옳은 길로 인도해주었다. 사실 내가 품은 큰 꿈은 아버지에게 자극받은 것인지도 모른다. 내가 알고 있는 아버지의 성공과 실패, 아버지의 사랑을 얻기 위한 내 무언의 소망, 그리고 아버지를 향한 내 분노, 슬픔, 한…… 하지만 그것들은 모두 어머니를 통해 완화되었다. 어머니는 사람들의 선량함과 우리 모두에게 주어진 삶의 최고 가치에 대한 기본적인 신념들을 가지고 있었다.

버락 오바마의 두 번째 자서전 《담대한 희망》에 나와 있는 내용이다. 이 책을 직접 읽지는 못했으나 헤더 레어 와그너가 지은 《열등감을 희망으로 바꾼 오바바 이야기》라는 책에서 인용했다. 미국 최초의 흑인 대통령이 된 오바마는 그야말로 무에서 유를 창조했다고 해도 과언이 아닐 것이다. 이렇게 세계의 흐름을 바꿀 수 있었던 오바마 대통령의 원동력은 무엇이라고 생각하는가? 그는 책을 많이 읽기도 했지만 두 권의 책을 쓴 덕분에 그의 위치가 굳건해질 수 있었다.

오바마는 1995년에 《아버지로부터의 꿈》이라는 첫 번째 자서전을 출간했고, 2006년에는 《담대한 희망》이라는 두 번째 자서전을 출간했다. 그리고 2년 뒤인 2008년에 제44대 미국 대통령으로 당선되었다.

진솔하고 담백한 두 권의 자서전 덕분에 오바마는 미국 국민들에게 자연스럽게 자신을 홍보할 수 있었다. 거기에 청중을 감동시키는 화려한 말솜씨의 힘을 빌려서 그는 미국 역사상 첫 흑인 대통령이 되었다. 오바마가 대통령 경선에 나가기 전에 저술한 자서전 두 권의 광고 및 홍보 효과는 얼마 정도일까? 아마도 천문학적인 액수의 광고효과를 보았으리라.

이 사례에서도 알 수 있듯이 심혈을 기울여 쓴 책 한 권이 당신과 회사를 홍보하여 자연스럽게 광고효과를 발휘한다. 지금 기업에서 가장 투자하는 분야가 무엇인가? 첨단 기술을 개발하는 것도 중요하지만 문화에도 많은 투자를 해야 한다. 지금은 융합의 시대다. 그냥 기막힌 기술만 만들어서는 소비자들이 열광하지 않는다. 스토리가 제품과 멋지게 조우할 때 소비자들이 열광하고 팬을 자처한다. 첨단 문화의 선봉에 책이 있음은 말할 것도 없다. 책의 강점은, 당신이 가만히 앉아서 사업을 고민하고 있을 때에도 당신의 입이 되고 발이 되어 당신과 회사의 가치를 알리고 다닌다는 것이다. 그러니 책은 선택이 아니라 CEO의 필수품이다.

천호식품의 김영식 회장을 보라! 그는 그 바쁜 와중에서도 《10미터만 더 뛰어봐》를 펴내지 않았던가? 책을 출간하고 난 뒤에 그가 얼마나 바빠졌는지를 유심히 살펴보라. 기업체, 관공서 특강, 텔레비전 출연 등으로 눈코뜰 새 없이 바쁜 나날을 보내지 않았던가? 김영식 회장의 책을 읽으면 심장이 뛴다. 오롯한 자신의 이야기면서 힘들고 어려웠던 때를 극복한 사례들로 넘쳐나기 때문이다. 《10미터만 더 뛰어봐》의 광고효과는 어마어마했으리라.

마음이 따뜻한 CEO 김성오 대표는 《육일약국 갑시다》라는 책을 써서 많은 CEO와 리더들의 존경을 받고 있다. 나도 그 책을 읽으면서 그의 신념, 가치관, 선한 비전에 환호하고 감동했다. 지금 그의 강의를 듣는 것은 하늘에서 별 따기보다 더 어렵다.

홈플러스 이승한 회장도 책을 냈다. 고백하건대 나는 이 책이 나오기 전에는 홈플러스를 대기업으로만 인식하고 색안경을 끼고 바라보았다. 그러나 책을 읽으면서 조금씩 나의 생각이 바뀌었다. 그의 경영 철학이 신비로웠고 그의 선한 영향력이 새롭게 다가왔다. 누구나 사업을 하다 보면 100퍼센트를 만족시킬 수는 없다. 어찌 되었든 책을 통해서 이승한 회장의 이미지와 회사의 이미지가 제고된 것이다. 내가 그런 생각을 했다면 그 책을 읽는 다른 독자들도 마찬가지이리라.

2014년도에 대학교 정년퇴직을 앞두고 있는 강헌구 교수는 또 어떤가. 그는 《가슴 뛰는 삶》을 저술한 후에 새로운 전기를 마련했다. 예전에도 그는 대학교 교수이자 베스트셀러 저자이면서 비전 멘토 역할을 하고 있었다. 그러나 《가슴 뛰는 삶》이 초대형 베스트셀러가 되고 나서는 전국에서 강 교수 모시기 경쟁이 벌어진 듯하다. 그는 지금 최고의 주가를 올리고 있다. 책 한 권의 힘이 이런 것이다. 제대로 된 책을 한 권 쓰고 나면 값으로 따질 수 없는 최고의 광고효과가 발휘된다.

그러니 CEO 및 리더들이여! 텔레비전, 신문, 잡지, SNS 등의 광고에만 너무 집중하지 말고 지금 당장 책을 써라. 당신이 쓴 책 한 권은 100억 짜리 광고 부럽지 않은, 가격으로 환산할 수 없을 만큼 엄청난 광고효과를 선물할 것이다.

# 5

# 최고의
# 고객 만족이라는 이익

만약 당신이 CEO라면, 고객에게 명함만 건네는 것과 당신의 이름 석 자가 새겨진 책을 같이 건네는 것 중에서 어느 것이 더 깊은 신뢰를 얻으리라 생각하는가? 당연히 후자일 것이다. 오늘부터 당신의 명함과 책 한 권을 가지고 고객들과 만나는 모습을 매일 상상하라!

우리는 무엇을 할 때 주저하고 망설인다. 이것을 할까 말까 고민하다 보니 진척이 없고 힘든 여정을 지속한다. 너무 많은 것을 생각하다 보면 아무것도 할 수 없다. 그냥 시도해야 한다. 실수하더라도 움직이면서 고쳐나갈 수 있다. 나는 앤서니 라빈스의 책을 곱씹어 읽으면서 결단하고 행동으로 옮기는 법을 터득했다. 그리고 질문을 통해서 조금 더 명확하게 나의 하루를 설계하고 정리하는 법도 배웠다. 하루하루를 즐겁고 행복하게 사는 기술도 그의 책을 통해서 배울 수 있었다.

인생의 목표가 없어 헤매고 있을 때는 강헌구 교수의 책을 정독하면서 비전에 대해서 많은 생각을 하게 되었다. 그의 책에는 떨림과 설렘이 있다. 글 속에 힘이 있으니 읽으면서 가슴이 뛰기도 한다. 그 책은 비전을 어떻게 설정하고 그것을 어떻게 이룰 수 있는지 아주 친절하게 설명해줬다. 너무 감명을 받아서 강헌구 교수가 저술한 책을 모두 섭렵했다. 그 밖에도 직강, 독서 토론, 정독을 통해서 내 것으로 체화할 수 있었다.

은행을 다니면서 경영학 공부를 하다 보니 항상 피터 드러커가 내 옆에 존재했다. 나는 일관되게 그를 멘토로 생각했다. 그는 대단한 사람이다. 96세를 일기로 사망할 때까지 방대한 책을 저술했으며 강연 및 컨설팅을 통해서 많은 사람들의 멘토가 되었다. 그의 책에는 통찰이 있고 읽으면 영감을 준다. 나는 앞으로 그의 책을 모두 섭렵하리라. 읽고 또 읽어서 많은 CEO와 리더들에게 그의 통찰과 영감을 전수하고 싶다.

보라, 살아가면서 만난 다양한 책들이 당신의 인생을 결정한다. 당신이 읽었던 책 중에서 통찰과 영감을 준 책을 다시 읽어보고 그 책을 고객들에게 선물하라! 고객들은 당신의 진정 어린 선물에 감동할 것이다.

그리고 여기에서 한 발짝 더 나아가보자. 당신이 정보와 통찰과 영감을 얻은 책을 선물하는 것도 좋지만, 당신 이름으로 된 책 한 권을 선물해보면 어떤가? 그 책에는 당신의 철학과 인생 여정이 들어 있으며, 과거의 자원과 신념과 비전이 담겨 있다. 당신이 성취한 것, 당신이 실패를 극복한 사례, 당신이 감동한 이야기들이 모두 책 한 권에 담겨 있다고 생각해보라. 생각만 해도 흐뭇하고 설레는 일이 아닌가?

그러니 지금부터 자신의 책을 쓰는 여행을 떠나라! 다른 사람이 쓴 책을 읽지만 말고 이제는 자신의 책을 출간하라. 자신의 이름으로 된 책 한 권은 고객들의 마음을 유혹하고 그들에게 최고의 만족을 선사할 것이다.

# 6

# 으뜸가는 전문가로
# 꼽히는 이익

비전 전문가 강헌구 교수, 사람 전문가 정진홍 중앙일보 논설위원, 콘텐츠 크리에이터 이어령 석좌교수, 문화심리학의 대가 김정운 교수, 경영의 구루라 불리는 피터 드러커와 톰 피터스, 세계적인 리더십의 대가 존 맥스웰과 나폴레온 힐 등등……

이외에도 계속 열거하자면 몇 장을 쓸 수도 있지만 지면 관계상 여기에서 멈추어본다. 지금 언급한 사람들은 해당 분야에서 굉장한 명저名著를 써낸, 최고의 전문가들이다. 그들은 짧게는 3개월, 길게는 20년까지도 한곳을 응시하고 거기에 몰입했다. 그 덕분에 해당 분야에서 최고의 전문가로 자리매김할 수 있었다.

《연금술사》를 쓴 파울로 코엘료, 《해리포터》 시리즈를 쓴 조앤 롤링, 《개미》를 쓴 베르나르 베르베르, 《토지》를 쓴 박경리, 《엄마를 부탁해》를 쓴 신경숙, 《로마인 이야기》를 쓴 시오노 나나미, 《1Q84》를 쓴 무라카미 하루키, 《파우스트》를 쓴 괴테, 《노인과 바다》를 쓴 헤밍웨이를 보라. 이들이 새로운 전환점으로 삼은 것은 바로 책이었다. 환경이나 시간을 탓하지 않고 묵묵히 앉아서 쓰는 작업에 몰두했기에 대작을 남길 수 있었던 것이다.

지금까지 당신이 심혈을 기울여온 것을 생각해보고 그중 한 가지를 선택해서 연구하라. 지금까지 당신이 쌓은 지식과 경험과 지혜를 세상에 마음껏 펼쳐보라는 것이다. 공무원도 책을 써서 해당 분야의 전문가가 되었다. 65세까지 정년 보장이 되는 교수도 책을 써서 새로운 지평을 넓혀가고 있다. 병원장은 자신의 진료 분야를 책으로 엮어내고 있다. 한의원 원장도 특별한 노하우를 담은 책을 써낸다. 영업을 하는 사람들도 자기들만의 노하우를 책으로 알린다. 강사도 책을 써야 대우를 받고 코치도 책을 써야 시장에서 통한다. 회계사, 변호사, 세무사, 성직자들도 책을 써서 전문가의 대열에 합류하고 있다. 운동선수나 연예인들도 예외가 아니다. 그러니 CEO인 당신도 책을 써야 한다.

관공서나 기업의 연수 담당자가 교육 프로그램을 기획할 때 어떻게 최고의 전문가를 찾을까? 강사 후보들의 프로필에서 가장 비중이 큰 것이 책을 펴낸 경력이다. 책을 썼다고 하면 그 분야의 전문가로 대우받는다. 구본형 소장, 공병호 소장, 이지성 작가를 보라! 이들은 책을 썼기 때문에 1인 기업가로 독립했고 그 분야에서 최고의 전문가가 될 수 있었다.

빌 게이츠, 박경철, 안철수, 이나모리 가즈오, 손정의 등의 CEO를 유심히 살펴보라! 이들도 모두 책을 썼기 때문에 대중과 공감하고 소통할 수 있다. 책이 없었다면 회사의 가치와 살아 있는 역사를 일반인들이 어떻게 알 수 있겠는가? 책은 쓰기는 힘들어도 쓰고 나면 당신의 홍보대사 역할을 할 수 있기 때문에 결국에는 당신과 회사의 보물이 된다.

최고의 전문가가 되기 위해서는 책을 쓰는 여행에 동참해야 한다. 그 여행에서 배를 탈 것인지, 버스를 탈 것인지, 기차를 탈 것인지, 아니면 비행기를 탈 것인지는 당신이 선택해야 한다. 지금 당신이 처한 환경에 따라 얼마든지 시간을 조정할 수 있다. 지금 절박하고 간절하다면 빨리 가는 방법을 택해야 할 것이고 여유가 있으면 조금 더 느리게 움직이는 방법을 선택하면 된다.

중요한 것은 새롭게 변신하고 최고로 거듭나기 위해서는 어서 책이라는 수단에 탑승해야 한다는 것이다.

# STEP 4
## 무엇을
## 쓸 것인가?

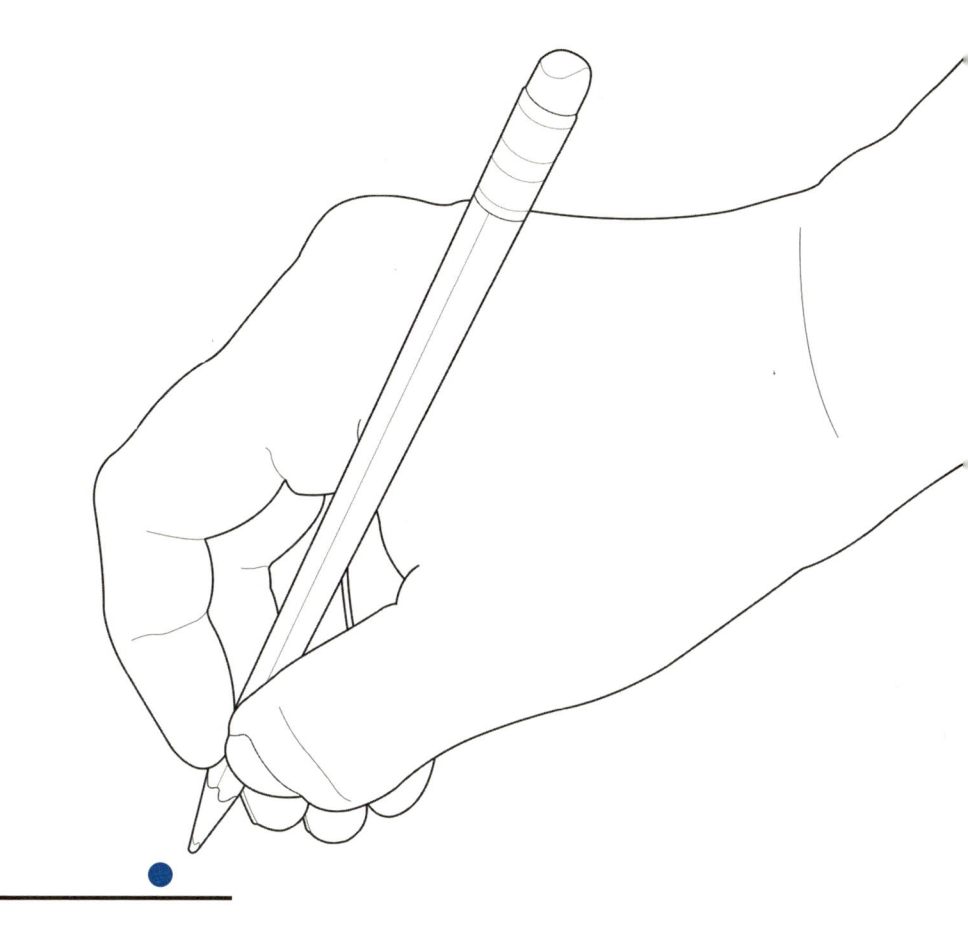

책의 소재는 멀리 있지 않다.
조금만 묵상하고 몰입하면 자신 안에서
얼마든지 좋은 소재를 찾아낼 수 있을 것이다.

# 정말로
# 간절히 원하라

21년간 술을 마시지 않고, 담배를 피우지 않고, 몸무게가 1킬로그램 이상 변하지 않도록 관리했더니 21년간 K리 그에서 살아남았다. 그런데 이것은 누구나 실현 가능한 일이다.

한때 축구 국가 대표 선수로 맹활약한 김병지 선수가 트위터에 올린 글이다.

어떻게 이런 일이 가능할 수 있을까? 운동선수가 1년도 아니고 21년 동안이나 술을 마시지 않았다니 놀랍기만 하다. 힘든 일도 있고 스트레스도 많이 받았을 텐데 어떻게 이렇게 철저하게 자기 관리를 할 수 있단 말인가? 모든 유혹을 물리치고 21년 동안 자기와의 약속을 지킨 김병지 선수에게 존경을 표하고 싶다.

그가 21년 동안 철저한 자기 관리를 할 수 있었던 원동력은 무엇일까? 명확한 목표를 수반한 비전이 있기 때문이었을까? 긍정적인 정신 자세 때문이었을까? 축구를 너무 사랑했기 때문일까? 축구를 너무 사랑한 나머지 간절한 마음이 온몸에 체화되었기 때문일까? 아마도 명확한 비전과 더불어 축구에 대한 애정에서 나온 간절함의 소산이리라!

잠깐 다른 이야기를 해보자. 대한민국의 대표 식품인 김치는 주로 배추로 담근다. 그런데 가만히 보면 배추는 뻣뻣하고 거칠어 그냥 먹기에는 조금 부담되는 채소다. 그렇다면 이 먹기 힘든 배추가 어떻게 부드럽고 아삭한, 한국인이 가장 사랑하는 식품인 김치가 되는 것일까? 그 비밀은 김치를 담그는 과정에 있다. 김치를 담글 때는 맨 먼저 배추를 소금에 절여 숨을 죽여야 한다. 즉, 배추가 김치로 변신하기 위해서는 기꺼이 소금에 절여져 가지각

색의 양념과 만나 새로워져야 하는 것이다. 배추 입장에서 보면 이것은 참 고통스러운 일이므로 그 과정을 감내하기 위해서는 무엇보다 김치가 되겠다는 간절함이 있어야 한다.

나는 2012년에 직장에 다니고 리더스클럽 활동을 하는 등 바쁜 나날을 보내면서도 책을 쓰겠다는 간절함으로 책두 권을 썼다. 일을 쉬는 주말에는 대부분의 시간을 책을 쓰는 데 바쳤다. 커피숍에서 커피 몇 잔 마시면서 나 자신과 힘겨운 씨름을 했다. 일주일의 휴가 기간에는 인적 드문 곳에 가서 허리가 아프고 발에 쥐가 날 정도로 책 쓰기에 완전히 몰입했다. 이것은 모두 간절함 때문이었다.

나에게는 간절한 희망이 있다. 책이 사람을 살리고 희망이 되며 우리의 영원한 동반자가 될 수 있다는 확신이 있다. 그래서 책으로 소통하고, 책을 사랑하는 사람들이 책으로 변화하고 성장하는 사회가 되기를 간절히 바라는 것이다.

종종 주위에 책을 쓰려는 CEO와 리더들, 지인들이 "유길문 회장님! 책을 쓰는 데 가장 중요한 것은 무엇인가요?"라고 묻곤 한다. 그러면 나는 자신 있게 대답한다.

"책을 쓰고 싶다는 바람을 가지십시오. 바람이 불면 바람이 이루어진다고 하잖아요. 그냥 막연히 생각만 하지 말고 직접 행동으로 옮기겠다는 결단을 하십시오. 책을 쓰고 싶다는 바람을 넘어 간절함을 가지세요. 정말로 간절히 원하면 책을 쓸 수가 있지요."

내가 원하는데 무엇을 못 하겠는가? 꿈은 이루어진다고 하지 않았던가? 내가 간절히 원하면 무조건 책을 써낼 수가 있다. 나는 2013년에는 세 권 이상 쓸 것이다. 왜냐하면 걸어가면서도, 밥을 먹으면서도 책에 대한 아이디어를 생각하기 때문이다. 화장실에서도, 대화를 하면서도, 책을 읽으면서도, 새롭게 쓸 책에 대한 아이디어를 생각한다. 거기에 책을 쓰겠다는 소망을 넘어서 간절함까지 있으니 2013년에는 책을 세 권 이상 쓸 수 있다고 당당히 말할 수 있다.

책을 쓰고 싶은 CEO와 리더들이여! 정말로 간절히 원하라! 그러면 당신이 진정으로 갖고 싶어 하는 '내 이름으로 된 책 한 권'을 가슴에 품고 기쁨의 환호성을 지를 수 있으리라!

# 자신이 누구인지
# 파악하라

당신에게 가장 중요한 때는 언제인가? 당신에게 가장 중
요한 일은 무엇인가? 당신에게 가장 중요한 사람은 누구
인가?

당신에게 가장 중요한 때는 현재이며, 당신에게 가장 중
요한 일은 지금 하고 있는 일이며, 당신에게 가장 중요한
사람은 지금 만나고 있는 사람이다.

이것은 레프 톨스토이가 한 말이다. 나는 여기에 "당신
은 정말로 누구인가?"라는 질문을 하나 더 추가하고 싶다.

앤서니 라빈스의 《네 안에 잠든 거인을 깨워라》에는

"어느 날 나는 '나는 코치다'라는 은유를 얻게 되었다. 코치란 누구인가? 코치는 다른 사람이 최선을 다할 수 있도록 헌신적으로 도와주는 사람이다"라는 내용이 있다. 저자는 '나는 코치다'라는 은유를 시작하자마자 스트레스가 줄어들고, 더 편안해지고, 사람들과 더 가까워지고, 삶이 더 재미있어지고, 사람들에 대한 영향력 역시 몇 배나 더 커졌다고 말했다.

나도 2005년과 2006년에 이 내용을 읽으면서 가슴이 뛰었던 기억이 있다. 그리고 몇 년이 지난 뒤에 이 책을 다시 읽자 이번에는 이 내용이 내 품안으로 들어왔다. 그러자 나도 '나는 누구인가'라는 질문에 어렴풋이나마 답할 수 있었다. 여기에 더해 내가 잘할 수 있는 일이 무엇인지도 묻고 또 물었다.

이 과정에서 "나는 누구인가? 나는 코치다"라는 자문자답이 내 마음속에 아주 선명하게 각인되었다. 코치는 다른 사람이 최선을 다할 수 있도록 헌신적으로 도와주는 사람이라고 하지 않던가? 내가 제일 잘할 수 있는 일은 '사람들이 꿈과 비전을 성취하도록 동기부여하고 도움을 주는 일', 즉 코칭임을 깨달았다.

'나는 누구인가?'에 대답하려면 오랫동안 스스로 묻고 질문하는 연습을 통해 과거의 자원, 현재의 신념, 미래의 비전 및 사명을 명확히 알고 있어야 한다. 이것들은 서로 연결되어 있어서 하나가 굳건히 자리 잡으면 나머지 두 개도 자연스럽게 빛나기 시작한다. 과거와 현재와 미래가 튼튼해야 자신감이 있고, 자신을 성장시키기 위해 노력하며, 끊임없이 움직이면서 앞으로 나아갈 수 있다.

자신이 누구인지 감을 잡았으면 좀 더 구체적으로 자신의 강점을 파악해야 한다. "내가 좋아하는 일과 잘하는 일은 무엇인가?" 하고 스스로에게 물어보라. 주의할 점은 좋아하는 일이 아니라 잘하는 일이 자신의 강점이라는 것이다. 물론 내가 잘하는 일이면서 내가 좋아하는 일이면 금상첨화다.

누구에게나 강점과 약점이 있다. 여기에서 한 가지 문제가 생긴다. 강점에 집중할 것인가, 아니면 약점을 지속적으로 보완할 것인가?

물론 어디에 집중할 것인지 사람에 따라 의견이 엇갈릴 수도 있다. 그러나 최근의 리더십 서적이나 자기계발 서

적은 하나같이 '약점을 보완하기 위해서 시간을 허비하기보다 강점에 집중하고 그것을 더욱 계발하라'고 조언한다. 왜 그렇게 많은 전문가들이 강점에 집중하라고 말하는 것일까? 그 까닭은 약점을 보완하다 보면 열정과 에너지가 떨어지고 자신감과 자존감마저 떨어지기 때문이다. 그러므로 제한되어 있는 시간을 제대로 활용하기 위해서는 강점에 집중하는 편이 훨씬 더 효과적이다.

그런데 만약 누가 "당신의 강점은 무엇입니까?"라고 질문한다면 바로 대답할 수 있는가? 우리는 모두 스스로를 잘 안다고 생각하지만 조금만 생각해보면 그렇지 않다는 것을 알 수 있다. 그렇지만 나의 강점은 다른 이가 대신해서 말해줄 수도 없으므로 결국 자신의 강점은 자기가 생각해야 한다. 꾸준히 스스로에게 질문하고 답하는 연습을 해야 한다. 그리고 주위에 나를 잘 아는 사람들에게도 '나의 강점이 무엇인 것 같으냐'고 질문을 해서 도움을 받아야 한다. 자기 안팎에서 정보가 쌓이다 보면 어느 순간에 자신을 들여다볼 수 있는 힘이 생긴다. 지속적으로 자문자답을 하면서 자신을 찾아갈 때 자아성찰이

제대로 된다.

나도 몇 년 동안이나 스스로에게 "나의 강점은 무엇일까?" 하고 질문을 던졌다. CEO와 리더들에게 강의를 하고 있으면서도 정작 스스로의 강점을 인식하지 못했기 때문이다. 그러면서 나는 자신의 강점이 무엇인지 찾을 수 있었다. 이제 누가 나에게 "유 박사님의 강점은 무엇인가요?"라고 묻는다면 0.1초 만에 대답할 수 있다. "제 강점은 유연함과 인간적인 매력, 거기에 유머감각이죠"라고 말이다.

왜 이렇게 강점을 찾아야 하느냐면, 강점을 인식하는 것이 그만큼 중요하기 때문이다. 강점을 인식하는 순간 자신이 다르게 보인다. 그리고 그 강점을 강화하기 위해서 부단히 노력하게 된다.

한비야 씨가 성장하고 발전하는 모습을 보라! 놀라운 속도로 위대한 일을 성취해내고 있다고 생각지 않는가? 나는 그녀의 성장 동력이 '강점 인식'이라고 생각한다. 한비야 씨의 강점은 신뢰, 명확한 비전, 실행력이다. 그녀는 아버지와의 약속을 지키기 위해서 먼 길을 떠났고 위대한 비전이 있었기에 포기하지 않았다. 또한 머릿속으로 생각하는 데 그치지 않고 행동으로 옮기는 실행력을 가지고 있었기에 오늘날 존경받는 아이콘으로 우뚝 설 수 있었다. 그리고 그녀는 자신의 세 가지 강점으로 이룬 성취, 경험, 지혜를 책으로 출판하여 대한민국 최고의 청소년 멘토가 되기에 이르렀다. 성공의 비결은 역시 자신을 잘 아는 것이다.

책을 쓸 때도 강점 인식은 꼭 거쳐야 할 과정이다. 하루는 전국을 누비며 기업체, 기관, 학교에서 강의하는 강사가 코칭을 받겠다고 나를 찾아왔다. 몇 년 전부터 책을 쓰겠다고 결심을 했는데 쓰지 못하고 있다고 하소연을 해왔다. 어떤 책을 쓰고 싶으냐고 물었더니 쓰고 싶은 주제가 너무 많다고 했다. 일단 그 강사의 강점을 가장 잘 발휘할 수 있는 분야로 주제를 정해야겠다는 생각이 들었다. 그래서 "강사님의 최고의 강점은 무엇입니까?"라고 질문을 했다. 이 한마디로 쓰고 싶은 주제가 정해졌다.

이처럼 자신의 강점을 인식하지 못하면 의사 결정이 힘들 수도 있다. 그러나 자신을 찾아 떠나는 여행을 떠나서 마침내 내면에서 자신의 강점을 꺼내 놓는 순간, 자신이 다르게 보이기 시작한다. 강점 찾기는 미로에서 길을 헤매던 자신을 스스로가 원하는 바른 길로 안내해주는 길잡이 역할을 한다고 볼 수 있다.

위에서 언급한 사례들에서 볼 수 있듯이 강점 찾기는 매우 중요하다. 누구에게나 자신을 대표할 수 있는 강점이 있다. 강점이 있는 사람과 없는 사람의 차이는 '자신의 강점을 찾기 위해서 질문을 던지거나 생각을 해보았는가' 이것 하나밖에 없다.

오늘 시간을 내서 "나는 누구인가? 나의 강점은 무엇인가?"라고 질문을 던져보자. 그리고 정성을 들여서 그 질문에 꼼꼼하게 답을 적어보자. 이 질문에 답을 하고 나면 책 쓰기가 훨씬 편안해질 것이다. 내가 가고자 하는 큰 방향이 잡히고 흔들리지 않고 쓰고자 하는 방향으로 나아갈 수 있기 때문이다.

# 주제·메모·자료를 기억하라

전쟁에 이기는 자는 먼저 이긴 후 전쟁을 시작하지만, 전쟁에 지는 자는 전쟁을 먼저 시작하고 그제야 이길 방법을 찾는다.

《손자》의 〈군형〉편에 나오는 이야기다. 전략이란 어떤 행동을 하기 전에 미리 생각하고 의지를 모으고 지혜를 짜내서 밑그림을 그려두는 것이다. 전쟁을 예로 들어보자. 장수는 전쟁이 일어나기 전에 전쟁터의 지형을 숙지하고, 상대는 몇 명이나 되며 지금 어떤 무기를 가지고 있는지, 사기는 어떠한지 등을 아주 세밀하게 분석해서 준비해야 한다. 우리 편의 현황을 파악해야 하는 것은 두 말하면 잔소리다. 요컨대 적과 아군의 모든 상황을 고려하여 어떻게 해야 이길 수 있는지 심사숙고해서 청사진을 만드는 것이 전략이라 하겠다.

그런데 책을 쓰고 싶어 하는 사람들을 가만히 보면 어떻게 쓰겠다는 전략이 없는 경우가 많다. 내가 "쓰고 싶은 장르는 무엇인가요? 시? 수필? 소설? 아니면 자기계발서인가요? 그리고 무엇을 쓰고 싶은지 주제는 생각해 보셨나요?"라고 물어보면 돌아오는 대답은 으레 "아직 잘 모르겠어요"다. 이렇게 되면 서로가 막막할 따름이다.

명심하라. 큰 테두리를 정해야 세부적인 것도 만들 수 있다. 책을 쓰고 싶다면 구체적이지는 않아도 일단 내가 꼭 쓰고 싶은 주제를 선정해야 한다. 그 다음에 그 주제에 대해서 전략적으로 접근해보라. 그래야 내가 쓸 수 있는 하나의 키워드를 발견할 수 있다. 그리고 주제를 정했으면 항상 다음 두 가지를 생활화하도록 노력하자.

**첫째, 항상 메모하라.**

일본에 '세일즈의 신'이라 불리는 하라이치 헤이라는

사람이 있었다. 기자가 영업을 잘하는 비결을 묻자 그는 "저는 그저 많이 걷고 많이 뛰었을 뿐입니다. 세일즈를 하고 있지 않을 때는 세일즈에 대한 이야기를 하고 있었고, 세일즈에 대한 이야기를 하고 있지 않을 때는 세일즈에 대한 생각을 하고 있었습니다"라고 대답했다.

이 내용은 나중에 책을 쓸 때 활용하면 좋겠다고 생각해서 잘 갈무리해둔 것으로, 열정이나 몰입, 프로 등 자기계발에 관련해서 다양하게 쓸 수 있는 일화다.

하라이치 헤이가 오직 영업을 위해서 혼신의 힘을 다했듯이 저자도 항상 책 쓰기를 생각하며 메모하는 습관을 가져야 한다. 책을 쓰려면 머릿속을 스치는 단상을 놓쳐서는 안 된다. 항상 메모장이나 수첩, 카드 등을 옆에 두라. 주변에 메모할 수 있는 도구가 없다면 핸드폰 메모 기능을 활용하라. 나도 지금 쓰고 있는 주제와 관련된 아이디어를 놓치지 않기 위해서 종종 핸드폰에 메모를 한다.


**둘째, 항상 자료를 모아라.**

성인 대부분은 자동차를 구입해본 경험이 있을 것이다. 어떤 자동차를 사야겠다고 마음을 먹고 나면 그때부터 관심 있는 자동차가 눈에 쏙쏙 들어온다. 자동차 생각도 많이 하게 되고, 주변 사람들과 이야기할 때도 자동차가 주요 화제가 된다. 바로 이것이 중요한 포인트다. 내가 쓰고자 하는 책에 대해 주제를 명확하게 정하면 나도 모르게 그에 맞는 행동을 하게 되는 것이다.

나는 각종 잡지, 신문, 책, 인터넷 등에서 책으로 쓰려고 하는 주제와 관련 있는 자료를 보면 꼭 모아둔다. 내가 가장 많이 활용하는 자료 수집 루트는 단연 책이다. 나는 지금까지 책을 3천 권 정도 읽었고, 책 네 권을 쓰기도 했지만 이제 시작일 뿐이다. 앞으로 나는 책을 무진장 많이 쓸 것이다. 왜냐하면 쓰고자 하는 주제도 많거니와 책 속에 어마어마한 자료가 숨어 있기 때문이다. 나에게 가장 중요한 보물단지는 지금까지 읽어온 책들이다. 나는 이 책들을 활용하여 새로운 창조를 하고 새로운 작품을 만들고 싶다.

책을 쓰고자 하는 CEO와 리더들이여!

일단 책을 쓰고 싶다면 주제를 확실히 정하고 메모를 일상화하며 자료를 모으는 데 힘을 써라. 인터넷에서 쉽게 찾을 수 있는 자료가 아니라 자신이 직접 공들여 발굴한 자료의 가치가 더 빛날 것이다.

메모와 자료를 그냥 쌓아두지 말고 그것을 어디에 어떻게 활용한 것인지 수시로 연구하라. 자료를 보고 또 보고, 생각하고 또 생각하다 보면 새로운 통찰력과 영감이 일어날 것이다. 그리고 그것들을 책 속에 충분히 녹아들도록 만들 수 있을 것이다.

# 차별화된 콘셉트와 메시지를 100번 이상 생각하라

강헌구 교수의 《가슴 뛰는 삶》은 '명확한 비전을 가지면 가슴이 뛰는 보람찬 삶을 살 수 있다'는 메시지를 전달하고 있다. 김난도 교수의 《아프니까 청춘이다》의 핵심 메시지는 '서두르지 마라! 지금 너희들이 있는 그 자리에서 최선을 다하라!'라는 격려와 희망의 메시지다. 김영식 회장이 《10미터만 더 뛰어봐》를 통해서 독자들에게 전하고 싶어 하는 하나의 메시지는 '아무리 힘들어도 절대로 포기하지 마라'는 것이다. 안상헌 씨의 《통찰력을 길러주는 인문학 공부법》은 인문학은 자기계발의 최고봉이니 인문학 공부를 게을리하지 말라고 전하고 있다. 《책은 도끼다》의 저자 박웅현 씨는 책 한 권의 힘은 강력하니 어설 프게 읽지 말고 씹어서 소화시켜 몸속에 체화하라고 강 조하고 있다. 《오리진이 되라》의 저자 강신장 씨는 책에 서 일관되게 융합의 중요성을 역설한다. 나의 가치를 높 이고 브랜드로 자리매김하게 하기 위해서는 자신과 잘 어울리는 무엇인가를 혼합해야 한다는 것이다.

나는 첫 책인 《책향기 사람향기》에서 처음부터 끝까지 '책에서는 향기가 난다'고 주장했다. 책 한 권 한 권에는 힘이 있고 향기가 나므로 그 속에 흠뻑 빠지라는 것이었 다. 책은 사람과 사람을 연결하는 매개체가 되기도 하고 인간관계를 발전시키는 윤활유가 되기에 항상 책을 가까 이하고, 기회가 되면 책을 읽고 토론하는 모임에도 나가 서 책의 향기를 넘어 책을 읽는 사람에게서 풍기는 사람 향기까지 맡으라는 의미가 담겨 있었다.

명확한 메시지와 관련해서 소개하고 싶은 좋은 사례가 있다. 최근에 코칭을 시작한, 15년 이상 어린이 독서 전 문 교육 업체에 근무한 임원의 이야기다. 그녀는 독서 관 련 대학원을 졸업했고, 5년 동안 어린이 독서 토론 및 캠프를 진행하고 있는 독서 교육 전문가다. 그녀가 요즘 책을 쓰면서 전하고 싶어 하는 것은 오랫동안 독서하고 대학원 공부를 하면서 터득한 이론, 회사에서 쌓은 실무적인 경험, 직접 진행한 독서 토론 및 청소년 독서 캠프에서 얻은 지혜와 통찰이다. 이야기만 들어도 이 책이 청소년 독서 토론의 새로운 지평을 열 수 있으리라는 기대감이 든다.

명심하자. 메시지의 힘은 측정할 수 없을 정도로 막강하다. 메시지가 있어야 책이 살아서 꿈틀거린다. 그래서 독자가 공감을 하고, 관객들이 감동을 하며, 수강생들이 귀를 기울이고, 학생들이 졸지 않는 것이다. 그러므로 책을 쓰기 위해서는 기존의 책들과 차별화하기 위해서 어떤 메시지를 던질 것인지 생각하고 고민을 해야 한다.

차별화된 메시지는 책 본문이 아니라 제목에 담을 수도 있고, 강의 주제로 응용해서 쓸 수도 있다. '멈추면 비로소 보이는 것들'이라는 문구도 책 제목, 메시지, 강의 주제까지 될 수 있다. 그 책의 저자인 혜민 스님이 주장하는 핵심 메시지는 아무리 바빠도 앞으로만 가지 말고 여유와

쉼을 가지고 옆이나 위, 뒤도 보라는 것이다. 쉬면서 사물과 사람을 바라보면 이전에 보이지 않던 것들이 눈에 들어온다는 메시지가 제목에 잘 반영되어 있다.

오늘부터 친구를 만나든, 집으로 가든, 직장에 가든, 누군가에게 전화를 하든, 전하고 싶은 메시지를 떠올려보자. CEO와 리더들이라면 직원들에게 어떤 메시지를 전할 것인지 곰곰이 생각해보자. 잠깐 시간을 내서 기존의 것과 다른 새롭고 차별화된 메시지를 전하고자 고민하는 순간, 창조의 샘이 솟아날 것이다. 처음에는 힘들 수도 있다. 그러나 자꾸 메시지를 생각하는 연습을 하다 보면 어느새 메시지가 있는 사람이 될 것이다. 메시지는 내가 하는 이야기에 힘을 주고 이야기가 살아서 꿈틀거리게 한다.

메시지를 정했으면 이제 그것을 어떻게 내보일 것인지, 다시 말해 콘셉트를 정해야 한다. 반칠환 시인의 〈새해 첫 기적〉이라는 재치 넘치는 시를 읽고 콘셉트란 무엇인지 묵상해보자.

황새는 날아서

말은 뛰어서

거북이는 걸어서

달팽이는 기어서

굼벵이는 굴렀는데

한날한시 새해 첫날에 도착했다

바위는 앉은 채로 도착해 있었다.


　이 시를 읽고 또 읽고 계속 되새김질을 해보라. 여러 동물들의 특성으로 빚어낸 신선한 비유와 바위는 앉은 채로 도착해 있었다는 기발한 착상이 놀랍지 않은가. 각자의 자질이 달라도 비교하지 않고 그대로 존중하는 모습이 담긴 이 시가 의미 깊게 다가온다.

　이것이 바로 콘셉트다. 계속 한곳을 응시하고 묵상하다가 어느 순간 예전과 다르게 보이는 것이 바로 보물 같은 새로운 콘셉트다. 다시 말해 콘셉트는 완전히 판을 뒤집어서, 기존의 시각에서 벗어나 색다른 의미와 가치를 부여하는 것이다. 콘셉트를 생각하다 보면 행동이 조금 느려질 수도 있지만 콘셉트를 잘만 설정하면 그 이상의 가치를 얻는다.

다만 기막힌 콘셉트는 대상에 대한 애정이 있어야 나올 수 있다. 그리고 혼자 고민하지 않고 여럿이서 머리를 맞대고 아이디어를 나눌 때 새로운 콘셉트가 나온다. 그렇다면 왜 콘셉트가 중요한지 몇 가지 사례를 통해 더욱 구체적으로 알아보자.

일본 홋카이도에 아사히야마 동물원이라는 곳이 있다. 일본에서 가장 북쪽에 있는 동물원으로, 아사히카와 시라는 소도시에서 시외버스로 1시간을 더 들어가야 할 만큼 교통도 좋지 않다. 게다가 고객층이라 할 수 있는 아사히카와 시의 인구는 고작 35만 명이었고, 동물원 자체도 직원이 25명밖에 안 될 정도로 작았다. 1996년, 이 동물원의 관람객수는 26만 명에 불과해 폐원까지 거론되는 마당이었다. 그런데 이 동물원에 믿을 수 없는 일이 벌어졌다. 10년이 지난 2006년, 관람객수는 270만 명으로 늘어났고, 이후에도 꾸준히 증가해서 2008년에는 무려 330만 명에 달했다.

도대체 10년 사이에 무슨 일이 있었기에 이렇게 괄목

할 만한 성과를 냈을까? 그 해답은 고스게 마사오 원장의 마인드에서 쉽게 찾아낼 수 있다. 그는 동물을 잘 아는 사육사 출신으로 현장 경험이 풍부했다. 그에게는 '동물들은 사람에게는 없는 놀라운 능력을 많이 가지고 있다. 그런데 그런 놀라운 능력을 가진 동물 수백 마리가 있는 동물원이 지금처럼 재미가 없다는 것은 말이 안 된다. 우리가 생각을 조금만 바꾸면 틀림없이 놀라움과 재미가 넘치는 특별한 동물원을 만들 수 있을 것이다'라는 자기만의 신념이 있었다.

이 신념을 바탕으로 그는 자나 깨나 경영난에 처한 동물원을 어떻게 살릴지 생각했다. 그러던 어느 날, 불현듯 그의 머릿속에 동물들의 놀라운 능력을 보여주는 동물원, 즉 '능력 전시'라는 말이 떠올랐다. 이 한 단어에 아사히야마 동물원의 전략 방향과 콘셉트가 모두 담겨 있었다.

조지아 오키프는 미국인들이 가장 사랑하는 여성 화가다. 《그림 읽는 CEO》에 따르면, 그녀는 "사람들은 아름다운 꽃을 보면서 감동을 받는다. … 하지만 문제는 아무도 꽃을 보지 않는다는 점이다. 꽃은 너무 작고 사람들은 너무 바빠서 꽃을 바라볼 시간이 없기 때문이다 … 나는 내가 보고 느낀 것, 꽃이 내게 의미하는 것을 그리겠다고 다짐했다. 단, 그것을 크게 그릴 것이다. 그러면 사람들은 깜짝 놀라서 꽃을 보기 위해 귀한 시간을 할애할 것이다. 제아무리 바쁜 뉴요커일지라도 내가 그린 꽃을 보기 위해 시간을 낼 것이다"라고 말했다고 한다.

처음 이 말을 들으면 우스울 수도 있다. 꽃을 크게 그리는 것이 무슨 화두가 된다는 말인가. 그런데 그녀의 그림을 조금만 더 자세히 보면 엄청난 것을 발견할 수 있다. 그녀는 그냥 크게 그린 것이 아니라 우리의 통념을 벗어날 만큼 아주 크게 그렸다!

언제 시간을 내서 그녀의 그림을 보면 깜짝 놀랄 것이다. 별 생각 없이 길 가던 사람들과 미술에 문외한이 사람들이 보고 발걸음을 멈추었다고 할 만큼 센세이션을 불러일으킨 그림이니 말이다. 그림을 대중의 품에 안긴 공로가 인정되어 그녀는 미국인들이 가장 사랑하는 화가로 자리매김할 수 있었다.

콘셉트는 이렇게 기존의 고정관념을 흔들어서 없는 것

을 있게, 작은 것을 크게, 큰 것을 아주 작게 만드는 식으로 바꾸어보는 것이다. 파블로 피카소의 예를 살펴보자. 그의 그림을 보면 어떤 생각이 드는가? 처음에 피카소의 그림을 보았을 때 나의 느낌은 "에계, 이게 무슨 그림이람. 말도 안 돼!"였다. 그런데 피카소의 그림은 미술계에 새로운 혁명을 몰고 오지 않았던가? 그의 그림의 가치를 생각해보라. 그것을 어떻게 가격으로 산정할 수 있단 말인가? 이처럼 콘셉트는 처음에는 말도 안 된다고 생각한 것을 새로운 보석으로 탈바꿈시키는 것이다.

종아리에 뭉친 검은 피를 뽑아내면서까지 공연을 멈추지 않는 프로 중의 프로, 싸이는 "지치면 지는 것이고, 미치면 이기는 것이다. 웃긴 애라는 평가보다 치열하게 음악 하는 가수라는 걸 보여주고 싶다"고 했다. 그는 얼마 전, 지구촌에 〈강남스타일〉 열풍을 불러일으켰다. 전 세계인이 〈강남스타일〉을 흥얼거리며 말춤에 환호했다. 그 곡은 미국 빌보드 핫 100에서 2위라는 대기록을 세웠고, 영국 음반 순위를 집계하는 UK 싱글차트에서는 당당히 1위를 기록했으며, 유튜브 조회수는 13억에 육박했다.

〈강남스타일〉의 콘셉트는 무엇이라고 생각하는가? 나는 그것이 해학성이 있는 노랫말과 춤, 기막힌 얼굴 표정, 그리고 현아, 유재석, 노홍철과의 아름다운 하모니라고 생각한다. 어쩌면 이 콘셉트의 의미는 '자신의 스타일을 개발하라'가 아닐까 싶다.

앞에서 소개한 사람들은 나름대로의 방식으로 콘셉트를 훌륭하게 활용했다. 우리는 이것을 책을 쓰는 데 적용해보자. 쓰고자 하는 책의 주제가 떠올랐다면 색다르게 전하고 싶은 그 한 가지, 즉 콘셉트를 생각해야 한다. 차별화된 콘셉트와 메시지는 내가 쓰고자 하는 책의 핵심이다. 경쟁서가 난무하는 오늘날에는 핵심이 다른 책들과 확연히 달라야 독자들의 시선을 끌 수 있다. 이경규가 불그스름한 라면에서 '흰 라면'이라는 콘셉트를 생각했듯이 내가 쓰고자 하는 주제를 비틀어보자. 이렇게도 보고, 저렇게도 보고, 뒤집어도 보고, 크게도 보고, 자세히도 보고, 작게도 보고, 어떻게 해서든지 고정관념을 뛰어넘어 색다르게 도전해보자.

# 5

# 타깃 독자를
# 정하라

> 모든 인간은 잠재력을 갖고 있다. 평범한 사람은 사소한
> 일에 그 힘을 낭비한다. 나는 그것을 단 한 가지의 일, 미
> 술에 낭비한다.
>
> 파블로 피카소

천재 화가 피카소의 짧은 명언은 강력한 목표의 힘을 잘 설명해주는, 참으로 가슴에 와 닿는 말이다. 우리는 너무 많은 것에 집착하고 있는지도 모른다. 한 가지만 선택·집중·몰입하면 최고가 될 수 있음에도 많은 것을 이루려고 노력하다 보니 특별한 성과를 내기가 어렵다.

목표가 많아도 다 이룰 수는 없다는 것을 우리는 경험을 통해서 알고 있다. 나는 시골에서 어린 시절을 보냈는데, 겨울에 눈이 많이 오면 친구들과 산으로 가서 토끼몰이를 했다. 토끼를 많이 잡으려고 욕심을 부린 날에는 한 마리도 잡지 못했던 기억이 눈에 선하다. 그러나 욕심부리지 않고 친구들과 함께 작전을 짜고 연구를 하면 반드시 한 마리는 잡았던 기억이 난다. 이것이 바로 목표의 힘이다.

일본에서 존경받는 3대 기업가 중의 하나인 이나모리 가즈오는 자신의 저서 《카르마 경영》에서 "바라고 원하는 바를 성취로 이어가기 위해서는 그냥 계속 생각하는 것만으로는 안 된다. '엄청나게 많이 생각'하는 것이 중요하다. 막연하게 '그렇게 되면 좋겠다'라는 식의 어설픈 정도의 수준이 아니라 강렬하게, 그리고 자나 깨나 끊임없이 바라고 원해야 한다. 머리끝에서부터 발끝까지 온몸을 그 생각으로 가득 채우고, 피 대신 '생각'이 흐르게 해야 한다. 그 정도로 한결같이 강렬하게 하나만을 생각하는 것, 그것이 일을 성취하는 원동력이다"라고 했다.

그 말대로 이나모리 회장은 보고 또 보고, 뚫어질 때까지 한곳을 응시했다. 명확한 목표는 나를 생각하게 하고 행동하도록 유도한다. 그리고 목표 고객, 즉 타깃을 분명히 하면 그들에게 더 고급스러운 콘텐츠를 제공할 수 있다.

어느 주말의 일이다. 모처럼 서울에서 손님이 왔는데 오랜만에 전주에 오니 막걸리가 마시고 싶다고 했다. 마침 택시를 타고 있을 때, 내가 아는 주점을 찾아가지 않고 기사에게 추천을 부탁했다. 그랬더니 기사는 어느 막걸리집을 입에 침이 마르도록 칭찬했다. 술도 맛있고 안주도 많이 나와서 사람들이 줄을 서 있는 곳이라고 말이다. 우리는 호기심이 발동해서 거기에 가고 싶은 마음이 들었다. 그래서 "기사님, 어떻게 그렇게 그 집을 잘 아십니까?"라고 물었더니 이런 대답이 돌아왔다.
"언젠가 그 집 사장님을 택시에 태운 적이 있지요. 그런데 택시 요금이 오천 원밖에 안 나왔는데 만 원을 내고 거스름돈을 안 받으시는 거예요. 그래서 도대체 어디서 무엇을 하시는 분이냐고 여쭈어보니 자기 막걸리집 상호를 말씀하시더라구요. 그런데 나중에 알고 보니까 그 사장님은 새벽에 장 보러 갈 때나 장 보고 돌아올 때 꼭 택시를 타는데 탈 때마다 만 원을 내고 거스름돈을 받지 않는대요. 그게 멋져서 저도 그 막걸리집의 팬 겸 홍보 대사가 되었죠. 손님들이 막걸리집을 추천해달라고 하면 그 집으로 안내해드릴 정도로요."

기대에 부풀어 그곳에 가보니 들은 대로 안주도 많고 음식도 맛이 좋아서 모두 대만족이었다.

막걸리집 사장님이 타깃 고객을 염두에 두고 거스름돈을 안 받았는지는 잘 모르겠다. 하지만 확실한 것은 그 사장님을 태운 택시 기사들이 그 집의 팬이 되었다는 것이다. 이것이 바로 목표 고객의 힘이다. 책에도 명확한 목표 고객이 있어야 중심을 잡고 의미를 전달할 수가 있다. 타깃이 명확할수록 더 선택 · 집중 · 몰입할 수 있는 계기가 된다.

《마흔, 논어를 읽어야 할 시간》, 《마흔에 읽는 손자병법》, 《비서처럼 하라》, 《지금 당장 도서관으로 가라》 등의 책 제목을 유심히 살펴보면 모두 타깃이 명확하다는 점을 알 수 있다. 《비서처럼 하라》의 타깃은 회사의 비서는 물론이고 CEO들까지도 포괄한다. '비서처럼 하라'고 하니 사장님들이 무슨 뜻인지 궁금해서들 많이 구매했다고 한다. 《지금 당장 도서관으로 가라》는 내 세 번째 책이다. 이 책은 도서관에 종사하는 사람들과 책을 통해서 새로운 전환점을 마련하고 싶어 하는 사람들을 타깃으로 잡았다. 그래서 이 책이 나온 뒤로 도서관이나 공공기관에서 계속 강의 요청이 들어오고 있다.

만약 아무리 머리를 쥐어짜도 누구를 타깃으로 해야 할지 시원한 답이 나오지 않고, 글도 쓸 수가 없다면 관점을 바꿔볼 필요가 있다. 타깃이라는 추상적인 단어를 생각하지 말고, 당신의 이야기를 누구에게 들려주고 싶은지 딱 한 명만 떠올려보라. 그를 위해 책을 쓰면 자연스럽게 내용이 섬세해진다. 왜냐하면 내가 전하고 싶은 이야기를 조곤조곤 옆에서 이야기하듯이 써내려갈 수 있기 때문이다.

구본형 소장이 쓴 《세월이 젊음에게》라는 책은 구 소장이 딸에게 전하는 메시지다. 대학생인 딸이 인생의 머나먼 항로를 잘 헤쳐 나가기를 바라는 내용이 마치 옆에서 이야기하듯이 흘러간다.

나의 첫 책인 《책향기 사람향기》도 사실 리더스클럽을 위해 쓴 것이다. 내가 속해 있는 리더스클럽의 회원들이 책의 힘을 느끼고 책의 향기를 맡기를 바라는 마음에서 썼다. 이처럼 내가 쓰고자 하는 책의 독자가 명확하면, 옆에서 이야기하듯이 편하게 내용을 전개할 수 있기 때문에 책 쓰기가 일사천리로 진행될 수 있다.

당신이 쓰게 될 책의 콘셉트와 메시지에 기초를 두고 타깃을 설정하라. 누구에게 어떤 이야기를 들려주고 싶은가? 남자인가, 여자인가? 20대인가, 30대인가? 평범한 직장인인가, CEO인가? 너무 어렵다면 거창하게 생각하지 말고 당신이 진정으로 전하고 싶은 딱 한 사람을 정해서 내용을 전개해보라. 바로 옆에서 귓속에다 소곤거리며 이야기하듯이 꼭 하고 싶은 말을 마음껏 해보라. 내가 상대방을 배려하고 사랑하는 만큼 책도 충실해지지 않겠는가? 마치 손주들에게 옛날이야기를 들려주는 할머니, 할아버지가 된 것처럼 정성을 들여 이야기보따리를 풀어보라.

# 6

# 소재는
# 내 안에 있다!

태국의 수도 방콕에는 '왓 뜨라이밋'이라는 작은 사찰이 있다. '황금 부처의 사원'이라는 이름답게 이곳에는 높이가 3미터나 되는 거대한 황금 불상이 있다. 그런데 이 귀한 불상은 수백 년 동안이나 진흙으로 둘러싸여 있어 전혀 사람들의 시선을 끌지 못했다. 1957년에 고속도로 공사 때문에 사원을 옮겨야 하는 상황에 처하자 크레인을 동원해서 이 불상을 새로운 장소로 옮기다가 그만 불상에 금이 가고 말았다. 주지 승려가 불상을 자세히 살펴봤더니, 금 사이로 불빛이 새어나오고 있었다. 그걸 이상하게 생각한 승려들이 끌과 망치로 조심스럽게 진흙을 걷어내자 안에서 거대한 황금 불상이 나왔다. 옛날 진흙 불상의 가치는 2천만 원에 불과했지만, 진흙을 걷어내고 새롭게 탄생한 황금 불상의 가치는 무려 2천 2백억 원으로 뛰어올랐다.

이 사례를 보고 나는 가슴이 콩닥콩닥 뛰었다. 너무나도 놀랍지 않은가? 만일 고속도로 공사를 하지 않아 사원을 옮기지 않았다면, 황금 불상의 가치는 영원히 묻혀 있었을지도 모르는 일이다. 이 이야기는 우리가 자기 안에 잠든 무궁무진한 잠재 능력과 가능성을 모른다는 메시지를 던진다. 설령 내가 가지고 있는 자원이라 하더라도 찾아내지 못하면 인식하지 못하고 활용도 하지 못한다.

최근 한 CEO가 회사를 운영하는 것이 너무 힘들다고 하소연을 했다. 한 가지 문제에 집중하니 모든 것에 의욕을 잃게 되고 자신감도 떨어져 식사도 잘 못한다고 했다. 나는 간간이 질문을 하면서 세 시간 정도 그의 이야기를 들었다. 어느덧 그는 편하게 이야기를 하면서 스스로 해답을 찾아가고 있었다.

나중에 그가 집으로 가면서 나에게 문자를 보냈다. 같

이 이야기하면서 속이 후련해졌고, 동기부여가 되어 자신감이 증폭되어서 힘이 난다고, 그래서 고맙다고 말이다.

나는 그에게 어떤 질문을 던졌을까? 나는 문제에 초점을 맞추지 않고, 그 문제는 하나의 점에 불과하다는 이야기를 하면서 그의 자원이 무엇인지를 물었다. 그의 자원은 무궁무진해서 나를 감동시키기에 충분했다. 그의 경영 철학, 신념, 비전이 나를 설레게 했고 흥분시켰다. 스스로 자기의 자원을 이야기하는 동안에 문제는 점점 작아졌다. 자원에 집중하다 보니 문제가 문제로 보이지 않고, 회사를 성장시키는 과정이라고 생각된 것이다.

그런데 왜 그전에는 일상생활까지 괴로울 정도로 그 문제를 크고 심각하게 여겼을까? 그 까닭은 문제를 '하나'로 인식하지 않고 '전체'라고 확대해서 생각했기 때문이다. 그러다 보니 그 문제가 모든 생활을 지배하게 되어 다른 것을 볼 여유가 없어졌다. 그래서 문제에서 잠시 빠져나와 자원에 집중하는 순간, 다시 열정과 에너지가 생기며 자신감이 증가했던 것이다. 열정적으로 이야기를 하며 나를 감동시키는 그의 능력을 보면서, 나는 그가 어려운 문제를 스스로 해결하고 새로운 도약을 할 수 있으리라는 확신을 가졌다.

위의 CEO와 황금 불상의 이야기는 '숨어 있는 자원'이라는 핵심을 공유한다. 책을 쓰는 데에 있어 자신의 자원을 생각하고 인식하는 것은 너무나도 중요하다. 오늘부터 다음과 같은 질문을 던지고 답하는 시간을 가져보라.

나는 어떤 긍정적인 경험을 했나?
내가 즐기고 있는 일은 무엇인가?
내가 성취한 성공 경험은 무엇인가?
나에게 정말로 특별한 순간들은 무엇인가?
나를 저절로 미소 짓게 하는 일들은 무엇인가?
내 생애 최고의 순간은 언제인가?

책을 쓰는 것은 숨어 있는 내 안의 보석을 캐내는 작업이다. 아무리 훌륭한 원석을 가지고 있다 하더라도 당신이 활용하지 않는다면 길에 널려 있는 돌멩이보다 더 낫다고 말하기는 어렵다. 당신이 생각하고 인식하는 순간에야 내면에 숨어 있던 돌멩이가 보석으로 탈바꿈한다. 어린 시절부터 지금까지 이룬 것들을 살펴보라. 아마 자신이 쌓아온 놀랍도록 긍정적인 자원들을 보면서 여러분은 깜짝 놀랄 것이다.

그래도 소재 찾기가 어렵다면 자신이 오랫동안 해왔던 일을 가만히 살펴보라. 내 경험을 이야기하자면, 나는 2012년에 '어떻게 하면 마케팅을 잘해서 성과를 낼 수 있을까?'라는 주제로 최선을 다해 강의했다. 이렇게 1년을 보내다 보니 이야기 소재가 많아졌다. 마케팅이나 고객 만족은 물론이고 조금만 더 넓게 보면 긍정적인 정신 자세를 유지하는 비결이나 자기계발에 관련된 것도 책 소재가 될 수 있었다.

이처럼 자신의 일도 좋은 소재다. 조금만 주의를 가지고 들여다보면 책을 쓰기 위한 소재는 무궁무진하다는 것을 알 것이다. 당신이 하고 있는 일을 다시 한 번 정의해보라. 3년 정도 일한 경험이 있다면 그동안 몰입했던 주제를 가지고 얼마든지 책으로 만들어낼 수 있다.

김성오 대표는 약국의 경험을, 상추 CEO 류근모 대표는 유기농 농사 비법을, 지승룡 대표는 카페의 노하우를 책으로 냈다. CEO는 회사를 운영하면서 체득한 다양한 경영 노하우를 책으로 낼 수 있다. 지금 당신이 집중하고 있는 것은 무엇인가? 회사의 성장인가? 직원들과 함께하는 아름다운 직장 문화 만들기인가? 아니면 사회 공헌에 더 초점을 맞추고 있는가? 현재 당신이 하고 있는 일 속에서 자신이 가장 몰입하고 있는 것을 찾아내라. 그리고 그것의 가치를 정리한다고 생각하고 도전해보라.

증권사에 다니는 한정은 씨의 사례를 살펴보자. 그녀는 개인 또는 법인 고객의 성향에 맞게 재무 포트폴리오를 구성하는 금융 컨설팅 전문가였다. 한정은 씨는 자신의 전문성을 살려 《나도 재테크 할 수 있다》라는 책을 펴냈다. 여기에는 자신이 관리했던 부자들의 자산 관리 비결과 금융 전반에 대한 효과적이고 다양한 실천 재테크 요령, 연말 정산 노하우 등이 고스란히 담겨 있다. 그녀는 일하면서 체득한 자기만의 유익한 정보를 책으로 출판한 것이다.

한편, 나에게 코칭을 받고 있는 문화원 대표의 사례도

있다. 그녀는 오랫동안 회사를 운영하다가 차茶에 푹 빠져서 대학원에까지 진학했다. 외국의 유명한 찻집을 찾아다니거나, 사람들에게 직접 차를 가르치기도 할 만큼 차에 대한 열정이 뜨겁다. 그런 그녀도 처음에 코칭을 받겠다고 찾아왔을 때는 주제를 정하는 데 어려움을 겪었다.

나는 그녀의 일에 소재가 널려 있음을 주지시켰다. 차를 마시면서 있었던 에피소드, 차를 마시면서 함께했던 특별한 사람들, 여행지에서 마셔본 독특한 차, 차를 배우면서 경험한 다양한 사례들, 차를 가르치면서 있었던 제자들과의 스토리 등등을 떠올려보면 얼마나 이야깃거리가 많겠는가?

항상 책을 쓴다는 것에 부담감을 느끼고 어렵게만 생각하던 그녀가 이제는 조금씩 책 쓰기를 편안하게 생각하고 있는 듯하다. "처음에는 힘들었는데 이제는 조금씩 보이기 시작하네요. 책을 쓸 수 있는 자신감이 생겼어요"라고 이야기할 정도니 말이다. 자신이 쓰고자 하는 소재들이 머릿속에 선명하게 떠오르고, 그것을 하나씩 하나씩 적다 보니 앞으로 나아가는 것이 눈에 보여 마음까지 편안해진 것이다.

내가 겪은 나만의 스토리를 누가 대신할 수 있겠는가? MY STORY는 내 경험에서만 건져 올릴 수 있는, 나만이 길을 수 있는 지혜의 샘물이다. 사람 냄새 물씬 나고, 아무도 흉내 낼 수 없는 나만의 스토리는 다른 이들을 감동시킨다. 명확한 주제가 정해지고 소재가 보이는 순간부터 책 쓰기는 훨씬 편해질 것이다. 다양한 소재가 눈에 들어오면 더 이상 필요한 것이 없다. 그저 일정한 시간만 할애하면 거뜬히 책 한 권을 완성할 수 있다.

그러나 중요한 원칙이 하나 있다. 책의 소재는 저절로 떠오르지 않는다는 것이다. 책의 소재를 찾는 작업을 게을리하지 말자. 걸으면서, 운전하면서, 화장실에서도 책의 소재를 생각해보자.

단, 멀리서 찾지 말고 내가 지금까지 열심히 정성 들이고 몰입했던 일에서 찾아보자. 일과 관련 있는 다양한 활동 속에서 하나씩 하나씩 추출해보자. 지금 회사를 경영하는 CEO라면 자신의 운영 노하우를 생각해보고, 리더라면 자신이 오랫동안 즐겁고 행복하게 몰입했던 일들을 떠올려보자. 책의 소재는 멀리 있지 않다. 조금만 묵상하

고 몰입하면 자신 안에서 얼마든지 좋은 소재를 찾아낼
수 있을 것이다.

# STEP 5
## 어떻게
## 쓸 것인가?

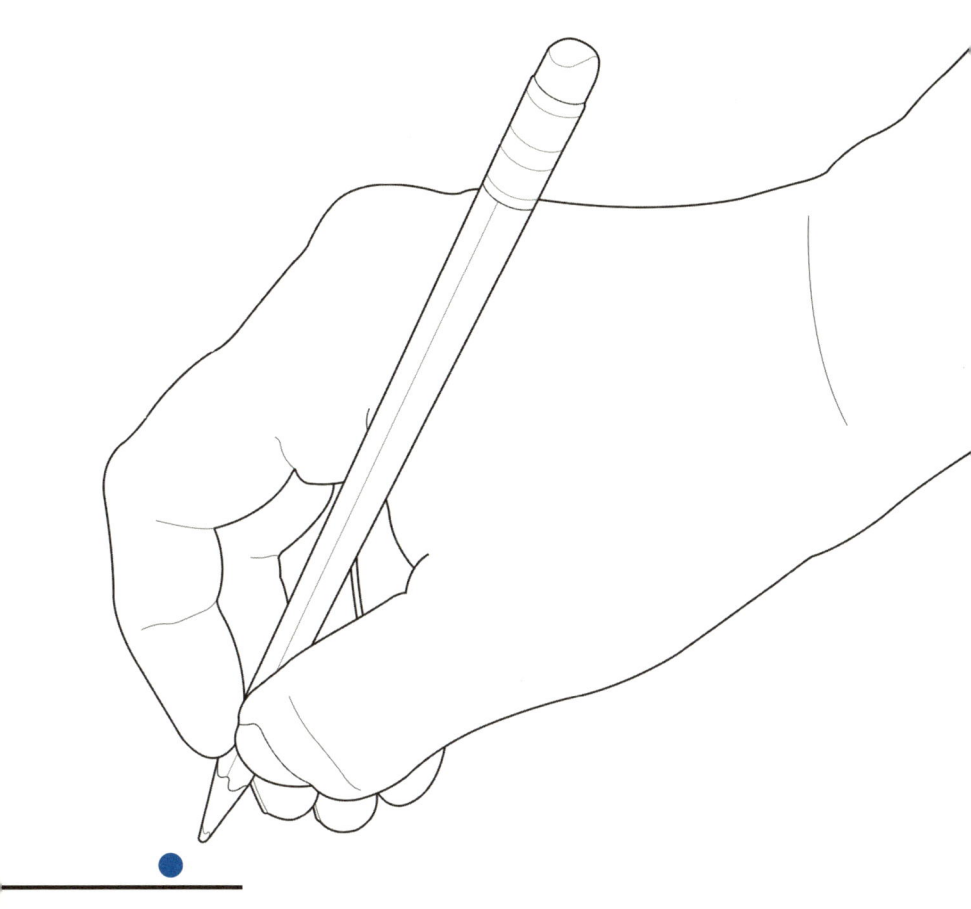

'한 번에 한 꼭지씩'을 만들어가야 한다.
처음부터 너무 완벽하게 쓰려고 하지 말고
한 꼭지씩 써내려가라.

# 1

# 굳게 결심하고
# 재빨리 행동하라

연결만 하라. 그것이 삶의 전부다. 글과 열정을 연결해보라. 둘 다 고상해지게 된다. 인간의 사랑도 정상에서 관망해보라. 삶은 더 이상 흩어진 조각이 아니다. 흩어진 조각을 연결해서 모두를 빛나게 하라.

20세기 영국을 대표하는 작가 E. M. 포스터가 그의 저서 《하워즈 엔드》에서 한 말이다. 책을 쓰겠다는 결심을 책의 주제와 연결하고, 행동을 책 쓰기와 열정에 연결해보라. 둘 다 고상해지리라.

일단 책을 쓰려면 결심을 하는 것이 중요하다. 여러 가지 잡념이나 두려움이 생길 수도 있다. 내가 쓸 수 있을까 망설여지고 머뭇거릴 수도 있다. 그러나 결심하고 나면 힘이 생기고 행동으로 옮길 수가 있다. 쓰겠다고 결심을 하고도 책을 쓰지 못하는 사람들이 있다. 그 까닭은 결심은 했는데 행동으로 옮기지 않았기 때문이다.

결심과 행동의 관계를 고찰하면서, 존 맥스웰의 《사람은 무엇으로 성장하는가》에 나오는 짧은 이야기 하나를 소개할까 한다.

어느 날, 아버지가 아들에게 문제를 하나 냈다.

"통나무 위에 개구리 다섯 마리가 앉아 있었단다. 그중에 네 마리가 뛰어내리기로 마음먹었지. 그러면 통나무에 남아 있는 개구리는 몇 마리일까?"

아들이 큰 소리로 "한 마리요"라고 말하자 아버지는 빙그레 웃으며 대답했다.

"안됐지만 그 대답은 틀렸다. 한 마리가 아니라 다섯 마리야. 왜냐고? 마음을 먹은 것과 행동하는 것은 다르거든. 그 개구리들은 마음을 먹긴 했지만 어쨌든 행동을 하지 않았기 때문이란다."

아버지의 현명한 대답을 다시 곱씹어보라. 결심과 행동의 차이를 명확하게 보여주는 일화라고 생각지 않는가? 사실, 결심하는 것과 행동으로 옮기는 것은 백지 한 장 차이다. 생각하는 데서 한 단계 나아가 결심을 행동으로 옮기는 연습을 해야 한다. 결심만 하고 행동으로 옮기지 않는다면 아무 일도 일어나지 않는다.

마찬가지로 책을 쓰겠다고 결심만 하고 행동으로 옮기지 않는다면 어떠하겠는가? 왕성하게 사업하는 한 CEO가 몇 년 전부터 책을 쓰겠다고 결심했다. 그런데 항상 바쁘다 보니 시간을 낼 수 없어서 못 쓰고 있다고 만날 때마다 하소연을 한다. 책 쓰기를 우선순위로 삼지 않으니 자꾸만 다른 일에 밀리는 것이다. 그 상태라면 올해도 내년에도 그냥 제자리에서 머물 것이다.

일단 책을 쓰기로 결심을 했으면 펜을 집어 들고 시간을 투자해서 한 줄씩 써내려가야 한다. 처음에는 힘들고 어려울지도 모르지만 반드시 책상에 앉아 컴퓨터를 켜고 자판을 쳐야 한다. 완벽하게 갖추고 난 뒤에 쓰려고 하지 말고 그냥 쓰라. 막 써내려가다 보면 새로운 통찰과 영감이 샘솟는 것을 발견할 수 있으리라.

캐나다의 유전 개발업자인 존 마스터스는 그의 저서 《사냥꾼》에서 이런 이야기를 했다.

해법은 정말 단순할 만큼 어리석게 들릴지 모른다. 그러나 석유나 가스를 찾고자 한다면 유전을 파야 한다는 사실을 정확하게 이해하는 사람은 드물다. 참 놀랄 만한 일이다. 아무리 훌륭한 유전 지도가 있다고 해도, 그리고 유전 지역을 연구하더라도 석유를 얻으려면 일단 시추를 해야 한다.

석유를 캐내려면 땅을 파야 한다. 아무리 훌륭한 지도를 가지고 연구를 하더라도 땅을 파지 않으면 아무 일도 일어나지 않는다. 더 행동의 중요성을 이보다 더 잘 설파하기는 힘들 것이다. 행동을 해야 무언가를 성취할 수 있다는 존 마스터스의 이야기는 설득력 있게 다가온다.

피터 드러커와 함께 현대 경영의 창시자로 불리는 경영의 대가 톰 피터스가 44년 동안 얻은 교훈은 '끊임없이 우물을 파는 사람이 성공하고 승리한다'는 것이었다. 오랜 경험과 지혜를 통해서 톰 피터스는 행동의 중요함을 강조하고자 이런 말을 했으리라. 그렇다면 CEO와 리더들은 지금 어떤 우물을 파고 있는가?

지방의 보잘것없는 영세기업을 업계 1등으로 만든 일본전산의 나가모리 사장은 "사업은 이미 만들어진 물건을 파는 것이 아니다. 불가능한 제품, 세상에 없던 물건을 만들어내는 일이다. 어딘가의 누군가가 머릿속으로 간절히 바라는 그 제품을 만들어, 필요한 사람에게 안겨줄 수만 있다면 어떤 사업이든 성공한다"고 했다.

불가능하고 세상에 없던 물건을 만들어내는 일이란, 남들보다 두세 배 더 뛰어다니며 꼭 해야 하는 것을 절대 포기하지 않고 끝까지 해내고야 마는 의지를 말하는 것이리라. 결국 일본전산의 성장의 핵심은 나가모리 사장의 실행력일 것이다!

나는 2012년에 책을 쓰기로 결심하고 바로 행동으로 옮겨서 그해에 책 두 권을 저술했다. 한 권은 2012년에 출간이 되었고 한 권은 2013년 2월에 나왔다. 2012년은 내 인생에서 가장 바쁜 시기였다. 은행에서 마케팅 교육

을 담당하고 있어서 1년 동안 매일 낮에는 코칭, 저녁에
는 강의를 했다. 그리고 주말에는 리더스클럽 회원들을
대상으로 6개월 동안 Master Mind Training 아카데미
를 진행했다. 그러면서도 한 번도 거르지 않고 매주 리더
스클럽 새벽 독서 토론 모임에 참석했다. 그 와중에 책을
두 권이나 쓴 것이다. 무지막지하게 바쁜 1년을 보내면서
몇 달 만에 초고를 완성하고 한 달 만에 출판계약을 성사
한 나의 비결을 솔직하게 털어놓으면 다음과 같다.

### 첫째, 책을 쓰려면 준비 기간이 필요하다.

쓰고 싶은 주제에 대한 자료를 미리 수집하는 기간이
다. 이때는 책 속에 있는 기막힌 문장이나 사례를 무작정
폴더에 모아둔다. 잡지, 신문, 만화, 텔레비전 등을 열심
히 보면서 나의 관심사를 책의 주제와 일치시켜야 한다.

### 둘째, 책을 쓰려면 기획 기간이 필요하다.

자신의 관심사 중에서 쓰고자 하는 주제가 선정되었으
면 집중적으로 책 제목을 고민해야 한다. 제목의 중요성
은 두말할 필요도 없다. 젖 먹던 힘까지 짜내서 수십 가지

를 생각하고 또 생각해야 한다. 다양한 제목을 깊이 생각할수록 책 내용도 충실해진다. 제목은 그 책의 심장이자 전부이기 때문이다.

책의 제목을 정한 다음에는 목차를 구성해야 한다. 목차를 구성할 때도 아주 많은 시간을 할애해야 한다. 샘플 북을 정해서 그 책들을 꼼꼼하게 섭렵하고 장단점을 파악하며 문체와 스타일까지 내 것으로 체화시켜야 한다. 샘플 북의 제목과 목차를 직접 손으로 써보고, 생각하고 또 생각하면 자기만의 목차를 완성할 수 있을 것이다.

목차가 정해지면 전체적인 얼개를 완성한 것이다. 그때부터는 방향과 밑그림이 보이므로 일사천리로 써내려가기만 하면 된다. 다만 그전에 한 가지 꼭 해야 할 일이 있는데 바로 목차 속에 들어갈 사례들을 찾는 작업이다. 독자들에게 전하고자 하는 핵심 메시지를 생각하며 소주제와 명언, 사례, 나의 경험이나 지혜 등을 연결시켜야 한다. 제목, 목차, 목차의 소주제에 들어갈 자료가 준비되면 이제는 정말로 자리에 앉아 컴퓨터 자판을 치기만 하면 된다.

**셋째, 책을 쓰려면 몰입 기간이 필요하다.**

이제는 앞으로 나아가야 한다. 변명은 모두 던져버리고 무조건 컴퓨터 앞에 앉아서 시간과의 싸움을 즐겨야 한다. 아침이든 저녁이든 매일 두 시간을 나만의 것으로 확보할 수 있다면 책 쓰기에 가속도가 붙을 것이다. 그 두 시간 동안은 다른 것을 절대로 하지 말고 책을 쓰는 시간으로 고정해야 한다. 인터넷을 하거나 텔레비전을 보면 그 시간이 내 것이 되지 못한다.

그런 의미에서 보면 아침 시간이 최적의 시간이다. 베스트셀러 작가들이 시간 관리를 어떻게 하는지 그들의 일상을 면밀히 관찰해보라. 그들은 모두 한결같이 아침 시간을 확보하라고 조언한다. 새벽에 일어나서 확보한 두 시간은 마법을 일으킨다고 침이 마르도록 칭찬을 한다. 당신도 자기만의 마법의 두 시간을 확보하라.

나는 책을 쓰겠다고 결심한 다음, 과감하게 휴가를 포기하고 일주일 동안 책 쓰는 데 완전히 몰입했다. 아침에 나가서 도서관, 커피숍, 음식점에 다니면서 책을 쓰고 자정 무렵에 집에 들어왔다. 스스로 정한 목표량을 쓰지 못

하면 불이 켜져 있는 곳으로 옮기면서 책을 썼다.

이런 식으로 일주일 동안 아침부터 저녁까지 책 쓰기에 몰입하니 허리도 아프고 여기저기 쑤시기도 했다. 그러나 일주일 동안 선택·집중·몰입을 하니 성과가 있었다. 써진 글도 내가 놀랄 정도로 마음에 들었다. 몰입은 이런 것이다.

책을 쓰려면 단순해져야 한다. 단순해진다는 말은 여러 가지 의미를 내포하고 있다. 다양한 일을 줄여야 한다는 의미도 있지만 한 권의 책을 쓰는 데 필요한 수많은 지식도 잊어버려야 한다. 너무 많이 알고 있어서 머릿속이 복잡하면 글이 써지질 않는다. 이 원칙, 저 원칙에 맞추어야 되고 필력이 부족하다고 생각하니 계속 베껴 쓰고 싶다는 생각도 들고, 기존 책들과 비교해서 내 글이 부족하다는 느낌에 자신감이 떨어지기도 한다.

책 한 권을 쓰려고 하는 당신은 이 모든 것을 잊어버려야 한다. 당신에게 가장 중요한 것은 의지다. 당신이 언제까지 쓰고 싶은지 명확히 결정하고 선포해서 시작했으면 멈추지 말고 써내려가라. 너무 복잡하게 생각하지 말고 단순하게 생각하면서 무조건 써라.

가장 중요한 것은 초고를 완성하는 것이다. 초고를 완성하고 마음이 들지 않는 부분이 있으면 그때 고치면 된다. 책을 쓰면서 너무 많은 생각을 하게 되면 진행이 되질 않는다. 오늘부터 책상 앞에 앉아 그냥 자판을 쳐라. 무조건 된다는 생각만 하라. 내가 쓰는 내용은 어느 누구도 흉내 낼 수가 없다. 왜냐하면 내가 쓰고 있는 이 글은 오롯이 당신의 내면에서 길어 올린 창조의 샘물이기 때문이다.

1940년, 에베레스트 산 정복에 도전했다가 실패한 한 청년은 이렇게 말했다.

"에베레스트, 너는 자라지 못한다. 그러나 나는 자랄 것이다! 그리고 반드시 돌아올 것이다."

10년 후, 그 청년은 마침내 에베레스트 등반에 성공했다. 최초로 에베레스트 산을 정복한 에드먼드 힐러리의 이야기이다. 얼마나 자신만만하고 긍정적인 이야기인가? 나는 이 이야기를 좋아한다. 목표를 명확하게 선포하는 모습에서 감동을 느끼지 않는가? 힐러리가 10년 동안 한 곳을 응시하며 얼마나 많은 준비를 하고 자신을 갈고 닦았겠는가?

책 쓰기는 10년 동안 준비하지 않아도 된다. 길면 1년이고 바짝 몰입할 수 있다면 100일 정도면 충분하다. 언제까지 책을 쓸 것인지는 당신이 결정한다. 결심만 하면 당신은 무조건 책을 쓸 수 있다.

# 2

# 가슴 뛰는
# 책을 써라

나는 젊었을 때부터 새벽 일찍 일어난다. 왜 일찍 일어나느냐 하면 그날 할 일이 즐거워서 기대와 흥분으로 마음이 설레기 때문이다. 아침에 일어날 때의 기분은 소학교 때 소풍 가는 날 아침, 가슴이 설레는 것과 같다.

또 밤에는 항상 숙면할 준비를 갖추고 잠자리에 든다. 날이 밝을 때 일을 즐겁고 힘차게 해치워야 하겠다는 생각 때문이다.

내가 이렇게 행복감을 느끼면서 살 수 있는 것은 이 세상을 아름답고 밝게, 희망적으로 긍정적으로 보기 때문에 가능한 것이다.

나는 생명이 있는 한 실패는 없다고 생각한다. 내가 살아 있고 건강한 한, 나한테 시련은 있을지언정 실패는 없다.

고 정주영 전 현대 그룹 회장의 말이다. 얼마나 하루하루를 유익하고 의미 있고 가치 있게 보냈으면 이렇게 표현할 수 있을까? 우리 모두는 어린 시절 소풍에 대한 아름다운 추억을 가지고 있다. 소풍 가기 전날의 설렘과 기다림이란 늦게까지 잠을 못 이루고 새벽에 잠을 깨도 전혀 피곤하지 않았던, 기대로 꽉 찬 충만함이었다. 매일매일이 어린 시절 소풍 가기 전날의 추억처럼 설렘의 연속이라면 얼마나 좋을까?

대한민국에 배낭여행 열풍을 몰고 온 바람의 딸, 한비야 씨는 외국에서 가슴 뛰는 삶의 소중함을 깨달았다. 그녀가 아산떼라는 케냐의 안과 의사와 함께 소말리아와 케냐의 국경 지대에서 월드비전 긴급 구호 활동을 펼칠 때의 일이다. 한비야 씨는 부유하고 유명한 그가 왜 그렇게 위험한 일을 하는지 이유를 물었다. 그러자 아산떼는 단 1초의 망설임도 없이 "무엇보다 이 일이 내 가슴을 뛰게 하기 때문이지요"라고 대답했다.

그 이후로 한비야 씨는 아산떼의 한마디를 삶의 중심에 두고, 앞으로 "왜 그런 일을 하시나요?"라는 질문에 "무엇보다 이 일이 내 가슴을 뛰게 하기 때문이죠"라고 자신 있게 대답할 수 있는 일을 선택하겠다고 결심했다. 나는 매일 기대에 차서 즐겁게 일하는 한비야 씨가 존경스럽다. 이 이야기를 읽고 나에게도 질문을 던졌다.

'나를 진정으로 가슴 뛰게 하는 일은 혹시 책을 쓰는 일이 아닐까? 맞다. 이것이구나. 나를 설레게 하고 가슴 뛰게 하는 일은 책을 쓰는 일이구나!'

여기까지 생각이 미치니 기분이 좋아지고 가슴이 후련해졌다. 무엇인가 큰 것을 이룬 듯이 뿌듯해졌다.

책 한 권을 쓰는 것은 저자를 설레게 한다. 각자 주어진 준비 기간과 환경에 따라서 한 권의 책을 완성하는 데 짧게는 3개월에서 길게는 수 년이 걸릴 수 있다. 하지만 기간이 짧든 길든 책 한 권을 완성하는 동안에는 누구나 소풍 가기 전날의 설렘과 흥분이 연속되는 나날을 보내리라.

당신도 책을 쓰면서 가슴 뛰는 경험을 할 수 있다. 책을 쓰는 일은 내면의 자원, 최고의 에센스를 꺼내 놓는 작업이기 때문이다. 당신이 정말로 좋아하고 잘했던 그 무엇을 마음껏 발산하는 하나의 장이다.

어떤 책을 쓰면 자신의 가슴을 뛰게 할 수 있을까? 어린 시절의 이야기인가? 열심히 노력해서 성취한 이야기인가? 나의 실패 경험인가? 나를 나답게 한 사람들에게 도움을 준 감동 스토리인가? 내가 직장을 다니면서 얻은 경험 노하우인가? 회사를 경영하면서 얻은 통찰과 영감의 이야기인가? 어떤 주제로 쓰더라도 자신의 가슴을 뛰게 하려면 진솔한 성취 스토리가 조금은 들어 있어야 할 것이다.

CEO와 리더들이여! 가슴 뛰는 책 쓰기에 도전하라. 책을 쓰겠다고 결심하는 그 순간부터 당신의 내면에 새로운 자신감이 용솟음치며 가슴이 뛰기 시작할 것이다.

세상을 향해 외치고 싶은 그 무엇을 꺼내라. 당신 내면에서 꿈틀거리고 있는, 당신이 이미 체득해서 지혜가 된 그 자원을 보여줘라. 당신 스스로가 소중하다고 생각하는 보물들을 하나씩 하나씩 글로 써내려가는 순간, 이전에 경험하지 못했던 황홀감에 취할 수 있으리라. 없는 것을 새롭게 창조하는 것이 아니라 당신 안에 숨어 있는, 당신이 이미 가지고 있는 자원을 조금씩 꺼내 놓기만 하면 된다.

오늘부터 지금까지 살아오면서 당신을 설레게 하고 가슴 뛰게 한 일이 무엇이었는지를 끊임없이 묻고 대답하라. 그리고 그 내용을 글로 쓰면 열정과 에너지가 배가될 것이고 가슴 뛰는 경험과 더불어 희열까지 느낄 수 있을 것이다.

# 3

# 독서하면서
# 기막힌 문장과
# 사례를 얻어라

나는 그저 노력할 뿐이다. 성공의 비밀은 없다. 다만 남다른 뭔가가 있다면 그건 결단력이다. 결단력은 실패해도 당당히 고개를 들고 다시 한 번 도전하는 능력이다. 실패했다고 주눅 들지 않고, 끔꾸기를 멈추지 않는 것이다.

2012년 10월 23일 중앙일보에 실린 이스라엘 벤처 영웅 도브 모란의 인터뷰 내용이다. 그는 사업에 관련된 중요한 프레젠테이션을 하러 미국에 갔다가 노트북이 고장 나는 바람에 발표를 하지 못했다. 난감하고 분통이 터지는 와중에도, 그의 머릿속에 '자료를 주머니에 넣고 다니면서 아무 컴퓨터에나 넣을 수 있으면 좋겠다'는 아이디어가 떠올랐다. 그래서 탄생한 것이 바로 USB 메모리다. 그는 이것으로 16억 달러를 벌어 거부가 되었다.

도브 모란의 이야기가 가슴을 울리게 하지 않는가? 나는 신문을 보면서 이 기사를 읽고 또 읽었다. 신문을 보면서도 이렇게 주옥같은 내용을 건져낼 수 있다. 내가 읽고 생각하고 내 것으로 만들어 가슴에 안으면 나만의 언어로 재탄생하는 것이다.

그런가 하면 미국의 정치가이자 웅변가인 윌리엄 제닝스 브라이언은 신과 수박씨를 절묘하게 비유해서 나를 놀라게 했다.

나는 수박씨의 위대한 힘을 관찰해본 적이 있다. 수박씨에는 흙을 밀어젖히고 나오는 힘이 있다. 자기보다 20만 배나 더 무거운 것을 뚫고 나오는 것이다. 수박씨가 어떻게 이런 힘을 내는지 알 수 없다. 도저히 모방할 수 없는 색을 껍질 바깥으로 우러나오게 하고, 그 안쪽에 하얀 껍질, 그 안쪽에 다시 검은 씨가 촘촘히 박힌 붉은 속을 만들어낼 수 있는지 나는 알 수 없다. 그 하나하나의 씨는 또다시 차례차례 자기 무게의 20만 배를 뚫고 나올 것이다. 이 수박씨의 신비를 설명할 수 있다면, 나도 신의 신비를 설명해주겠다.

《60인의 현인들에게 배우는 하루 경영》이라는 책에서 이 내용을 읽었을 때, 읽으면 읽을수록 힘이 나고 가슴이 뛰었다. 이것이 바로 책의 힘이고 사람의 힘이다.

《카네기 인간관계론》에서 소개한 헨리 포드의 어록에는 "성공의 유일한 비결은 다른 사람의 생각을 이해하고, 당신의 입장과 아울러 상대방의 입장에서 사물을 바라볼 줄 아는 능력이다"라는 말이 있다.

이렇게 한 권의 책 속에는 우리가 지나칠 수 없는 주옥 같은 이야기들이 넘쳐난다. 그 보물을 건져내는 작업을 게을리하지 마라. 책을 읽을 때마다 건져 올린 보석을 잘 보관하고 있다가 당신이 책을 쓸 때 어울리는 곳에 잘 배치하면 된다.

레프 톨스토이의 《살아갈 날들을 위한 공부》에 실려 있는 사례도 한번 살펴보자.

중국의 현자에게 물었다.

"학문이 무엇입니까?"

그러자 이렇게 대답했다.

"사람을 아는 일이다."

또다시 질문했다.

"선은 무엇입니까?"

현자는 말했다.

"사람을 사랑하는 일이다."

학문과 선에 대한, 아주 짧고 명쾌한 대답이다. 이것이 바로 책의 힘이자 매력이다. 우리가 늘 책을 가까이 해야 하는 이유이기도 하다. 책을 읽으면서 거기에 있는 보석을 채취하는 작업을 지속해야 한다. 우리가 우물쭈물하고 있는 시간에도 책은 나를 부른다. 내가 접하지 않은 책들이 얼마나 많은가? 평생교육, 평생 학습이라는 용어가 어느덧 우리에게 익숙해져 있다. 그만큼 우리는 평생을 분발해서 배우고 학문에 정진해야 한다.

책을 통해서 기막힌 문장을 얻어라! 책을 읽다가 가슴

뛰는 경험을 했으면 그 내용을 그냥 지나치지 마라. 책에서 건져 올린 사례 하나가 인생의 전환점이 될 수도 있다. 당신의 마음을 흔들고 감동시키는 그 사례들을 자기 것으로 체화시키고 활용하라. 우리가 매일 접하는 신문이나 잡지를 읽다가도 기막힌 문장을 얻을 수 있다. 당신의 관심사가 무엇인가? 당신의 키워드가 무엇인가? 당신이 쓰고자 하는 주제에 집중하면서 키워드를 인지하고 생각을 하고 있으면, 책 속의 기막힌 문장이나 사례가 먼저 미소 짓고 당신에게 손짓할 것이다.

# 4

# 모델이 되는 책을
# 딱 세 권만 정하라

최근 신문 기사를 보니 대한민국 축구 국가 대표, 손흥민 선수가 독일에서 펄펄 날고 있다고 한다. 최근의 성적을 보니 한 게임에 멀티 골을 넣는 등 최고의 주가를 올리고 있었다. 이 기사를 보면서 무척 기분이 좋았다. 왜냐하면 손흥민 선수는 이제 겨우 21살의 어린 선수이기 때문이다. 그러니 영국의 프리미어리그 등에서 거액을 제시하며 스카우트 할 수밖에 없는 것이다.

어린 나이에 외국 프로 무대에서 내로라하는 선수들과 손색없이 경쟁하는 그가 자랑스럽다. 동시에 나는 손흥민 선수가 잘할 수밖에 없는 이유를 발견하고 감동했다.

그가 잘 나가는 이유는 딱 한 가지였다. 그는 젊은 나이임에도 레알 마드리드에서 뛰고 있는 크리스티아누 호날두 선수를 아주 철저하게 모델링 하고 있었다.

손 선수는 호날두의 경기를 빠트리지 않고 관람하고, 일거수일투족을 주시하며 그대로 따라 했다. 예를 들면 호날두가 어떻게 움직여서 몇 사람을 제치고 어느 위치에서 골을 넣었는지를 보고, 운동장에서 수천 번이나 따라하며 연습했다. 그리고 남는 시간에는 그가 골을 넣는 장면을 그대로 연상하는 연습을 한 결과, 손흥민 선수는 출전하는 경기마다 눈부신 활약을 펼치고 있다.

그는 앞으로 더욱 일취월장해서 앞으로 호날두를 뛰어넘는 세계 최고의 선수가 될 것이다. 왜냐하면 모델링은 평범한 사람을 뛰어난 사람으로 만드는 최고의 비법이기 때문이다.

책 쓰기 코칭을 받는 고객 중에 한 분야에 20년 이상 종사해서 자타 공인의 최고 전문가가 된 분이 있다. 그는 처음 코칭을 시작했을 때 책 쓰기를 무척 힘들게 생각했다. 그래서 쓰고 싶어 하는 분야의 책 열 권을 선정한 다음, 되도록이면 빨리 그 책들을 섭렵하고 그중에서 가장 마음에 드는 책 세 권을 선택하도록 했다. 그리고 그 세 권의 책을 읽고 느낀 점과 장점 등을 말해보라고 했다. 그런 뒤에 그에게 "그 세 권 중에서 딱 한 권만을 정한다면 어떤 책을 고르시겠어요?"라고 묻고는 선택한 책을 몇 번 더 정독을 하도록 권유했다. 그러면서 문체, 글의 구성, 짜임새 등을 잘 살펴보라고 당부하는 것도 잊지 않았다.

손흥민 선수가 모델링을 해서 최고의 선수가 되고 있듯이 책 쓰기에서도 성공한 사람의 발자취를 연구하고 그들을 따라 하는 모델링, 즉 샘플 북 선정이 중요하다. 당신이 좋아하는 주제 중에서 좋아하는 성향의 책을 선택하여 깊이 있게 분석하고 연구하라. 그 중요성은 말로 표현할 수 없을 정도다.

당신이 쓰려는 주제의 책들 중에서 마음에 드는 것을 세 권만 골라서 읽고 장점과 단점을 분석해보라. 최종적으로 제일 마음에 드는 책 한 권을 골라서 그 내용을 내 것으로 완전히 체화시켜라. 중간 중간에 쓰면서 막히거나 힘들 때 그 책을 한 번씩 꺼내 보자. 모델링 책이 당신이 쓰고자 하는 책의 큰 흐름을 이끌어줄 수 있을 것이다.

# 5

# 책 제목과 목차에
# 목숨을 걸어라

책 제목은 매우 중요하다. 오프라인 서점에서든 인터넷 서점에서든 독자들은 제목을 보고 책을 선택하기 때문이다. 물론 제목이 좋다고 해서 무조건 구매를 하는 것은 아니지만 아무래도 독자들은 제목을 보고 나서 호기심이 생겨야 집어 들기 때문에 제목에 신경을 많이 써야 한다.

내 첫 번째 책인 《책향기 사람향기》를 제작할 때도 제목을 둘러싼 에피소드가 하나 있었다. 처음에는 '독서파워'와 '책향기 사람향기' 사이에서 무엇을 제목으로 할지 고민을 많이 했다. 5년이 지난 지금 생각해보면 '책향기 사람향기'로 짓기 잘 했다는 생각이 든다. 독자들도 칭찬을 많이 해주었고 제목이 좋아서인지 대한민국 대표 독서 토론 모임인 리더스클럽에서 2010년도 최우수 선정도서 중의 한 권으로 선택되는 영예도 누렸다.

세 번째 책을 출판할 때도 제목이 문제였다. 쓰기 전부터 줄곧 '가슴 뛰는 독서'라는 제목을 생각했고, 출판계약을 할 때도 이 제목으로 진행했다. 그러나 출판사에서 '지금 당장 도서관으로 가라'라는 제목으로 바꾸면 어떻겠느냐고 제안을 했다. 그 출판사는 새로운 제목에 맞게 표지를 디자인하고 홍보 자료까지 준비하는 성의를 보였다. 결국 출판사의 정성에 못 이겨 내가 애정을 쏟았던 '가슴 뛰는 독서'를 '지금 당장 도서관으로 가라'로 바꿀 수밖에 없었다. 그런데 책이 시중에 풀리자 꾸준히 잘 팔리는 것을 보고 나는 깜짝 놀랐다. 만약 제목이 그대로 '가슴 뛰는 독서'였다면 독자들은 어떤 결정을 내렸을까? 결과야 알 수 없지만 제목이 너무 추상적이고 막연해서 사람들이 외면했을지도 모른다는 생각이 들곤 한다.

이처럼 책 제목은 책 한 권을 지배한다. 책 제목의 중요성은 말로 표현할 수가 없다. 그러니 책을 쓰고 싶은 여러분들은 책 제목을 정하는 데 심혈을 기울여야 한다.

그렇다면 어떻게 해야 좋은 책 제목을 정할 수 있을까?

책 제목을 잘 짓는 요령은 따로 없다. 다만 당신이 쓰고자 하는 책의 주제에 대해서 많이 생각하고, 매일 당신이 쓰고자 하는 책에 초점을 맞추어야 한다. 자나 깨나, 밥을 먹을 때나 걸을 때나 책에 몰입하면 좋은 제목이 떠오를 것이다.

제목에 핵심 메시지가 담겨 있으면 더욱 좋다. 누군가 당신에게 주제와 관련해서 강의 요청을 한다면 강의 제목은 무엇이라고 할 것인가? 책 제목이 강의 주제와 일치한다면, 책을 출간하고 난 뒤에 자연스럽게 그 제목을 강의 주제와 연결시키면 되므로 금상첨화일 것이다. 이런 관점에서 제목이 좋은 책들을 꼽자면 혜민 스님의 《멈추면 비로소 보이는 것들》, 김난도 교수의 《아프니까 청춘이다》, 강헌구 교수의 《가슴 뛰는 삶》, 데일 카네기의 《인간관계론》, 나의 《책향기 사람향기》 등을 들 수 있을 것이다.

또한 출판사를 운영하는 전문가의 의견을 한번 들어보

는 것도 의미가 있다.

휴머니스트 출판사의 김학원 대표는 《편집자란 무엇인가》에서 좋은 제목을 이렇게 정의했다.

첫째, 책의 주제와 내용, 특징을 잘 담았는가?

둘째, 분야나 독자층과 잘 어울리는가?

셋째, 서점에서 독자의 시선을 붙잡는가?

넷째, 기억하기 좋은가?

다섯째, 입에서 입으로 옮겨지기 쉬운가?

여섯째, 5년이 지나도 여전히 좋을까?

좋은 제목을 정하는 기준 여섯 가지를 읽어본 당신의 느낌은 어떠한가? 당신이 쓰고자 하는 책의 주제의 메시지를 담고 강의와 연결할 수 있는 제목이 떠올랐는가? 오늘부터 틈나는 대로 당신이 쓰고자 하는 책의 제목을 생각해보라! 서점에 가서 눈에 띄는 제목들을 감상해보고 인터넷에서도 눈여겨보라! 자주 그리고 많이 책 제목에 대해서 생각하고, 여기저기 들여다보면 좋은 제목을 지을 수 있는 영감이 번뜩일 것이다.

책 제목이 독자들의 호기심을 유발해서 관심을 갖게 한다면, 목차는 독자들이 선택하는 데 있어서 결정적인 요인이라 할 수 있다. 어느 시인은 "나의 8할이 바람이다"라고 노래했고, 어떤 성공한 사람은 "내 성공의 8할이 독서다"라고 했다는데 나는 이렇게 말하고 싶다. "한 권의 책을 만드는 데 있어서 8할은 목차다"라고. 그만큼 목차가 중요하고, 당연한 말이지만 목차가 잘 짜일수록 책의 완성도는 높아진다.

왜 그럴까? 바로 목차에 이미 저자가 전하고자 하는 줄거리가 담겨 있기 때문이다. 그러니 목차를 읽으면 책의 얼개를 짐작할 수 있고 내용이 어떻게 전개될지 파악할 수 있다.

물론 책을 쓰면서 구상해둔 목차를 수정할 수도 있다. 그러나 책을 쓰기 전에 짜임새 있는 목차를 완성하면 책 쓰기가 훨씬 편해진다. 왜냐하면 처음부터 끝까지 내용을 어떻게 전개할 것인지 머릿속에 입력이 되었기 때문에 내용이 다른 곳으로 새지 않고 한 방향으로 흘러갈 수 있다.

예를 들어 안개 낀 거리를 걷는다면 얼마나 갑갑하겠는 가? 기차, 버스, 자가용, 배, 비행기 등을 타는데 행선지 가 정해졌어도 가는 방향을 모른다면 어떻게 앞으로 나 아갈 수 있겠는가? 기어이 목적지에 도달할 수는 있을지 몰라도 수많은 시행착오를 경험할 것이다. 목차를 정하 는 것은 목적지를 정하는 것과 같으므로, 본격적으로 책 을 쓸 때 시행착오를 줄일 수 있는 이점이 있다.

요컨대 책 제목과 목차는 책을 완성하는 데 있어서 전 부라고 생각해야 한다. 이 두 가지를 완성하고 나면 그때 부터는 한 꼭지씩 쓰기만 하면 된다. 매일 책 제목을 생 각하고 목차를 작성하는 데 심혈을 기울여보자. 좋은 책 제목이 떠오르고 그에 걸맞은 목차가 완성되면 설렘과 흥분, 그리고 충만한 감정을 느낄 수 있을 것이다.

당신은 책에서 무엇을 전달하고 싶은가? 독자에게 전 하고자 하는 키워드는 무엇인가? 당신이 모델링 하는 샘 플 북을 유심히 살펴보라. 책 몇 권을 집어 들고 책 제목 과 어울리는 목차를 어떻게 전개했는지, 어떤 키워드가 들어가 있는지, 독자들을 유혹할 수 있는 표현이 들어가 있는지를 유심히 살펴보라. 그리고 시간과 정성을 들여서 마음에 드는 책들의 목차를 직접 적어보라. 제목과 목차를 그대로 적다 보면 분명 당신이 원하는 목차에 대한 아이디어를 발견할 수 있을 것이다.

# 6

# 책 쓰기에
# 집중할 수 있는
# 환경을 조성하라

《해리포터》 시리즈의 저자인 조앤 롤링은 카페에서 글을 썼다. 어린 딸이 잠들고 나면 커피를 마시면서 집중적으로 글을 썼다. 그녀는 자기만의 집필 공간도 없었고 아이를 돌봐줄 보모도 없었다. 그렇지만 카페에서 상상의 나래를 펴면서 끊임없이 펜을 움직였다.

한편, 이순신 장군은 전쟁터에서 하루도 거르지 않고 일기를 써서 진솔하게 일상을 담아냈다. 생사를 넘나드는 환경 속에서 글을 쓴다는 것이 쉽지는 않았을 것이다. 그러나 이순신 장군은 《난중일기》라는 보물을 우리에게 선사했다. 윈스턴 처칠은 가장 긴박하고 어려운 전시 상황에서 책을 읽고 글을 썼다고 한다. 세종대왕은 여러 가지 병이 있어 몸을 가누기 힘든 고통 속에서도 포기하지 않고 대한민국의 보물인 훈민정음을 창제하는 업적을 세웠다. 다산 정약용은 유배지에서 겪은 고통과 설움으로 창조의 샘을 자극하여 방대한 대작을 저술했다.

지금 당신의 글쓰기 환경은 어떤가?

물론 저마다 어렵고 힘든 환경에 노출되어 있을 수도 있다. 그러나 지금 자신에게 주어진 환경을 자기편으로 만들어보자. 내가 시골에서 초등학교 다닐 때는 호롱불 아래에서 공부를 했던 기억이 난다. 아마도 자신의 어린 시절을 떠올리며 "맞아, 나에게도 그런 시절이 있었지" 하고 맞장구를 치는 독자들도 있을 것이다. 그때의 기억을 되살려보라. 중요한 것은 의지다. 내가 공부를 하고 싶은 욕구가 강렬하면 호롱불이든 전깃불이든 중요하지 않다.

소설가 최인호는 《유림》을 펴내면서 "한 5분, 5분을 견뎌내면 어느 순간 머릿속에서 글이 쏟아지는 느낌이다. 5분쯤 꾸역꾸역 쓰다 보면 그 후에는 알 수 없는 신비한 힘이 나를 이끈다. 단숨에 30매를 쓸 수 있다. 일종의 신 내

림이라 할 수 있다. 신을 영접하기 위해 늘 준비하고 있어야 한다"고 했다.

나도 유사한 경험을 한 적이 있기에 그의 이야기에 공감이 간다. 처음에 글을 쓰려고 자리에 앉으면 글이 써지질 않는다. 5분이 지나고 30분이 지나고 때로는 1시간이 지나도 한두 줄 쓰고 진행이 안 될 때가 있다. 그러나 어느 순간, 한번 글이 써지기 시작하면 나도 모르게 타자 속도가 빨라지며 봇물 터지듯이 순식간에 몇 장이나 써 내려가기도 한다. 그럴 때면 나 자신이 깜짝 놀란다. 내가 쓴 글을 읽어보다가 "어, 내가 봐도 괜찮은데…… 이 내용을 내가 썼나?"라고 의심할 때도 있다.

전문 작가들은 산속에 들어가서 세상과 단절하고 글을 쓰기도 한다. 아니면 여행도 할 겸, 쾌적한 장소를 골라 들어가 거기에서 집중적으로 몰입하기도 한다. 어떤 사람은 자기만의 집필 공간을 만들어놓고 책을 완성하기 전에는 절대 나오지 않기도 한다. 내가 잘 아는 유명한 시인은 시내에 가족과 함께 사는 아파트가 있고 인근 농촌에도 집을 하나 장만하여 글을 쓰고 싶을 때마다 거기로 달려가곤 한다.

아직 여러분에게 책을 쓰기 좋은 환경이나 알고 있는 노하우가 없다면, 아래의 조언을 참고해서 이제부터라도 만들어볼 것을 권한다.

### 첫째, 당신이 가장 좋아하는 장소를 선택하라.

당신이 가장 편안해하고 마음이 홀가분해지는 장소를 골라라. 집이든 커피숍이든 산에 있는 조용한 공간이든 다 좋다. 꼭 한 곳일 필요도 없다. 평일에는 커피숍, 주말에는 도서관을 선택할 수도 있다. 사람마다 각기 다른 특성과 재능이 있고 좋아하는 환경이 다르다. 물론 환경에 영향을 받지 않고도 얼마든지 글을 쓸 수 있지만 기왕이면 내가 좋아하는, 자기만의 최적의 장소를 선택하자. 당신이 생각지 못했던 새로운 영감이 샘솟는 경험을 할 수 있을 것이다.

### 둘째, 책을 쓰기 전에 워밍업을 하라.

만약 당신이 커피숍을 선택했다면 커피를 다 마시기 전까지는 쓰고 싶은 책의 꼭지에 대해서 전반적인 것을 생각하고, 커피를 다 마신 뒤에 무조건 한 줄씩 써내려가겠다고 정할 수도 있다. 만약 당신이 바닷가에 둥지를 틀었다면 바다와 잠시 대화를 할 수도 있다. 바다가 주는 메시지를 마음껏 느껴본 뒤에 책 쓰기를 시도하는 것이다. 만약 당신이 집을 선택했다면 텔레비전, 가족과의 대화, 잠의 유혹을 물리칠 수 있는 안전장치를 마련해두어야 한다. 집이 편안하고 좋기는 하지만 너무 많은 유혹이 손짓한다. 그러니 특정 시간에는 절대로 다른 일을 하지 않겠다고 미리 자신과 약속을 해야 한다.

그리고 책을 쓰기 전에 어떤 의식을 행하면 도움이 될지 생각해보라. 눈을 감고 5분에서 10분 정도 명상을 하는 것도 좋은 방법이다.


### 셋째, 포기하지 마라.

책을 쓰다 보면 막막하기도 하고 도저히 진척이 없을 때가 있다. 그것을 겸허하게 받아들여라. 나만 그런 것이 아니라 책을 쓰는 모든 사람들이 겪는 일상이라고 생각하고 대수롭지 않게 생각하라. 절대로 포기하지 말고 생각의 화살을 더욱 과녁에 집중시켜라. 그렇게 하다 보면 신기하게도 다시 새로운 아이디어가 샘솟는 경험을 할 수 있을 것이다.

# 7

# 강력한 마스터마인드 그룹을 만들어라

마스터마인드의 핵심은 조화와 균형이다. 이것을 완벽하게 이해해야 한다.

내가 처음 리더스클럽이라는 독서 토론 모임을 만들었을 때는 무척 힘들었다. 다양한 사람들이 섞여 있는 모임을 운영하면서 나는 어떻게 아름다운 하모니를 연출할 수 있을까 많이 고민했다. 답을 찾기 위해 정신없이 책에 몰두하던 어느 날, 나폴레온 힐의 저서를 몇 권 읽다가 '마스터마인드'라는 단어를 보고 머리를 강하게 맞은 듯한 충격을 느꼈다. 마스터마인드의 의미는 '둘 또는 셋

이상의 아름다운 하모니'다. 처음 이 단어를 접했을 때 '바로 이거다!' 하는 생각이 들었다. 마스터마인드 그룹을 만들어야 한다는 것에 생각이 미치자 계속 하모니를 의식하게 되었고 지금까지 12년 동안 하모니를 이루기 위해 노력을 하고 있다.

지금도 나의 중심에는 마스터마인드라는 단어가 강하게 자리 잡고 있다. 내가 활동하는, 대한민국을 대표하는 최고의 독서 토론 모임인 리더스클럽도 강력한 마스터마인드 그룹의 산물이다. 두 명이 만나든 수십 명이 모이는 만남이든 나는 항상 마스터마인드를 생각한다. 그러다 보니 내가 가지고 있는 나만의 안전지대를 벗어날 수 있었고, 상대방의 관점에서 바라보고 상대방의 성장과 변화에 초점을 맞출 수 있는 능력이 배가되었다고 자부한다.
하나의 힘은 약하다. 둘이 모이면 강해진다. 셋이 모이면 더 강해진다. 여럿이 모이면 당연히 힘은 더 강해질 수밖에 없다. 그러나 전제가 있다. 서로가 서로를 신뢰하는 강한 마음이 결합되어야만 가능하다. 주위를 둘러보라. 아름다운 하모니를 연출하는 그룹들이 얼마나 많은

가? 아름다운 하모니의 출발점이자 종착점은 바로 강한 신뢰와 신뢰가 모여 팀워크를 이룰 때라는 점을 떠올리자.

마스터마인드에 대해 더 자세히 알고 싶다면 나폴레온 힐이 저술한 《나폴레온 힐 성공의 법칙》과 《나폴레온 힐이 대학에서 강의한 성공학 노트 1·2》를 독파하고 그 사례를 수집하라. 어디서 자료를 수집할 것인가? 전문가에 부탁하는 것도 좋은 방법일 것이다. 어떻게 해야 전문가와 연락을 할 수 있을지, 어떻게 해야 마스터마인드를 발휘해 저술을 할 수 있을지는 당신이 연구할 몫이다.

예를 들어 다산 정약용의 위대한 저술 아이디어가 어디서 나온 것인지 궁금하다면 바로 그를 연구해보자. 동시에 저술 관련 마스터마인드 그룹을 가동시키자. 현재 당신은 회사를 운영하느라, 사람들을 만나느라, 배움에 정진하느라 절대적인 시간 확보가 어렵다. 그렇다면 이것을 최소화할 수 있는 방법은 단 한 가지, 강력한 마스터마인드 그룹을 만드는 것뿐이다.

유명한 저술가들이 1년에 세 권씩 책을 쓰거나 3, 4년 만에 한 권씩 책을 써내는 비결은 아마 강력한 마스터마인드 그룹이 가동되기 때문일 것이다. 당신에게 지금 가장 필요한 마스터마인드 그룹이 무엇인지 생각해보자. 회사 운영 노하우일 수도 있고, 머리를 맑게 하는 마케팅의 비밀일 수도 있다. 원대한 비전이나 상대방의 숨어 있는 잠재 능력과 가능성을 이끌어 내줄 수 있는 코칭 능력일 수도 있다. 당신 주위에는 너무도 좋은 사람들이 많이 있다. 주위에 있는 숨어 있는 인재를 찾아내는 작업을 하자.

그리고 자신에게 특화된 브랜드가 있는지도 생각해보자. 당신의 브랜드를 보면 사람들이 어떤 콘텐츠를 기대하고 저절로 몰려들어야 한다. 찾아가는 마케팅이 아니라 찾아오는 마케팅을 해야 한다. 당신은 해당 분야에서 최고의 전문가로 칭송받지는 못한다 하더라도 최소한 시장에서 검증받은 프로라고 할 수 있는가? 당신만의 콘텐츠가 있다고 말할 수 있는가? 그렇지 못하다면 책을 써서 전문가로 인정받아야 한다. 저술 작업이 녹록지는 않지만 그래도 최소의 비용으로 최대의 효과를 올릴 수 있는 비밀 병기임이 확실하다. 단 한 권의 책이 인생의 전환점이 될 수 있다. 지금까지 당신의 주위에 있던 불신, 걱정, 잡음을 한 방에 날려버릴 수 있는 그런 멋진 책을 써야 한다.

결론은 명확하다.

시간이 더 가기 전에 당신은 올해 최소한 한 권은 쓰기로 결단을 내려야 한다. 책을 쓰기로 마음을 먹었으면 주제, 제목, 목차를 정하는 것이 급선무다. 그 다음에는 당신의 이야기를 구축하자. 당신만이 이야기할 수 있는 차별화된 체험, 스토리형 콘텐츠는 무엇인가? 당신의 독특함을 찾아라! 동시에 시장에서도 검증받을 수 있는 아이디어인지 다시 한 번 곰곰이 생각해보라. 그리고 주위에 성공한 사람들의 이야기도 양념으로 삽입해서 마스터마인드 효과를 극대화시키자.

무언가 느낌이 좋다. 배에 힘을 주고 당신이 낼 수 있는 가장 큰 소리로 "나는 모월 모일까지 아무개라는 제목의 책을 써서 아무개 출판사와 계약한다"라는 자신만의 구호를 외쳐보자. 그리고 이 말을 하루도 빼지 말고 15번씩 쓰고 100번씩 외치자!

행동은 리더의 첫걸음이다. 행동하지 않고 무엇을 이룰

수 있단 말인가? 가까운 미래에 출판사와 계약을 하는 모습을 선명하고 뚜렷하게 형상화하라! 당신은 마스터마인드라는 걸작을 생각하며 주위 사람들과 파트너가 되었기 때문에 즐거운 마음으로 책을 완성할 수 있을 것이다. 당신의 힘을 과소평가하지 마라. 당신은 조만간 마스터마인드의 위력을 느끼며 자신의 이름으로 된 책 한 권을 품에 안을 것이다.

# 8

# 100일만
# 미쳐라

이제는 시작이다.

이제는 행동이다.

이제는 연습이다.

이제는 반복이다.

이제는 투자이다.

이제는 전진이다.

이제는 실천이다.

이제는 책 쓰기가 우선순위다.

이제는 앉아서 타자를 쳐라.

이제는 멈추지 말고 전진하라.

이제는 책 쓰기 모드로 바꾸어라.

이제는 절대 예외를 두지 마라.

책 읽기는 그만, 이젠 책을 써라.

책 읽기는 그만, 이젠 한 꼭지씩 도전하라.

Step by step!

Just do it!


몇 년 전, 김제에서 열린 지평선 축제에서 10킬로미터 마라톤을 달린 적이 있다. 너무 힘들어서 중도에 포기하고 싶은 마음이 굴뚝같았다. 그러나 뛰기 전부터 아무리 힘들고 어려울지라도 중간에 절대로 쉬지 않고 뛰겠노라고 목표를 정했다. 마침내 한 번도 쉬지 않고 결승점에 도달했을 때 나는 뛸 듯이 기뻤다.

지금은 이렇게 마음 편하게 글을 쓰면서 이야기를 하고 있지만 그때는 정말로 포기하고 싶었다. 그러나 중간 중간에 긍정적인 말을 반복하기도 하고 길에 핀 아름다운 코스모스를 보면서 위안을 삼기도 했다. 10킬로미터가 이럴진대 풀코스 마라톤을 달리는 사람들은 어떨까? 아마도 완주하기 위해서는 많은 연습과 노력이 선행되어야 할 것이다.

한 권의 책을 쓰는 것은 단거리 달리기가 아니라 마라톤을 완주하는 것과 같다. 평소에 책 쓰는 연습이 되어 있지 않으면 지속적으로 한 꼭지씩을 써내는 작업은 고역일 수도 있다. 중간에 포기하고 싶은 유혹도 많이 있으리라. 그러나 절대로 포기하지 마라. 그냥 앞으로 나아가라. 100일 정도만 미쳐보는 것이다. 그 기간을 보내고 초고를 완성하면 얼마나 기쁘겠는가? 10킬로미터든 42.195킬로미터든 당신이 원하는 목표에 도달하면 그 기쁨을 어떻게 말로 표현할 수 있겠는가?

그러나 마라톤을 할 때 다른 이들보다 100미터 앞에서 출발할 수는 없고, 시공간을 초월해서 출발과 동시에 결승선을 통과할 수도 없다. 한 걸음씩 단계적으로 나아가야 한다. 마찬가지로 책을 쓰는 것도 하나씩 단계적으로 완성해야 한다. 책을 쓰고자 하는 당신에게 가장 중요한 것은 욕심부리지 말고 한 번에 한 꼭지를 써내는 것이다. 한 번에 하나씩, 그렇게 100일만 하라! 티끌 모아 태산이라는 말처럼 짧은 원고가 쌓이면 비로소 초고가 된다. 이

와 관련된 테레사 수녀의 어록 중에 마음에 와 닿는 것이
있어 간략하게 소개한다.


난 결코 대중을 구원하려고 하지 않는다.
난 다만 한 개인을 바라볼 뿐이다.
난 한 번에 단지 한 사람만을 사랑할 수 있다.
한 번에 단지 한 사람만을 껴안을 수 있다.


단지 한 사람, 한 사람, 한 사람씩만……
따라서 당신도 시작하고 나도 시작하는 것이다.
난 한 사람을 붙잡는다.
만일 내가 그 사람을 붙잡지 않았다면
난 4만 2천 명을 붙잡지 못했을 것이다.
모든 노력은 단지 바다에 붓는 한 방울 물과 같다.
하지만 만일 내가 그 한 방울의 물을 붓지 않았다면
바다는 그 한 방울만큼 줄어들 것이다.


당신에게도 마찬가지다.
당신 가족에게도, 당신이 다니는 교회에서도 마찬가지다.

단지 시작하는 것이다. 한 번에 한 사람씩.

테레사 수녀가 처음 어떤 시도를 했는가? '한 번에 한 사람씩'이 정답이다. 만약 처음부터 많은 사람들에게 도움을 주고 변화를 시키려고 시도했다면 분명히 너무 힘들어서 중간에 포기했을 것이다. 책을 쓰는 작업도 마찬가지다. '한 번에 한 꼭지씩'을 만들어가야 한다. 처음부터 너무 완벽하게 쓰려고 하지 말고 한 꼭지씩 써내려가라. 하루에 한 꼭지씩도 좋고 이틀에 한 꼭지씩도 좋고 일주일에 한 꼭지씩도 좋다. 자신의 역량에 맞게 정한 기한에만 맞추어서 끊임없이 앞으로 나아가라.

한 꼭지를 완성해내는 힘은 당신의 내면에 있다. 절대로 멈추지 말고 무조건 자판을 쳐라. 《중앙일보》에 정기적으로 연재되는 칼럼인 〈정진홍의 소프트파워〉와 당신이 정한 샘플 북을 참조하라. 샘플 북에 있는 한 꼭지를 몇 번이고 반복해서 정독하다 보면 자신의 것이 되고, 일정한 패턴이 있음을 발견할 수 있다. 한 꼭지 쓰기가 정 힘들면 책이 아니라 편지를 쓴다고 생각하고 진정한 마음을 담아 써라. 자신이 경험하고 연구했던 주제에 대해서 쓰는데 무엇을 주저하겠는가?

시작을 했으면 끝을 맺어야 한다. 책을 쓰기 시작했으면 완성해야 한다. 3, 4년 전부터 책을 쓰겠다고 결심하고 출간하지 못하는 사람들이 주위에 늘어나고 있다. 그들이 책을 못 쓰는 이유는 간단하다. 우선 바쁘고 급한 것에 몰입하다 보니 책 쓰기가 계속 뒤로 미루어지는 것이다. 직장과 사업 때문에 바쁘다든지 시간이 없어서 못 쓴다 든지 하는 변명은 모두 던져버려라. 당신의 이름으로 된 책 한 권을 가지고 사람들과 이야기하는 모습을 상상하 라. 사람들이 당신의 책을 보고 읽으면서 흐뭇해하는 모습을 상상하라. 당신의 이름으로 된 책을 들고 저자 사인 회를 하고, 책의 주제에 대해 많은 사람들 앞에서 강의하 는 모습을 상상하라. 현재의 당신의 모습과 더불어 미래 의 당신의 모습을 생생하고 선명하게 그릴 수 있으면 중 도에 지치지 않고 끝까지 완성할 수 있으리라.

이제는 너무 많은 것을 생각하지 마라. 이제는 내가 필 력이 있는지 없는지 생각하지 마라. 이제는 내가 쓰는 책이 출판될 수 있을까 하고 의심하지 마라. 이제는 복잡한 지침이나 원칙들을 머릿속에 담아두지 마라. 그냥 머리를 텅 비우고 무조건 써내려가라. 오직 한 가지만 생각하라. 제목과 목차가 정해졌으니 거기에 맞는 내용을 한 꼭지씩 완성하는 데 모든 것을 투자하라.

처음에는 쉽게 쓰이지는 않을 것이다. 한 시간, 두 시간 동안 자판만 쳐다보고 있으면 한숨이 나올 수도 있다. 그래도 컴퓨터 앞을 떠나지 마라. 한 꼭지를 완성하고 다른 일을 하라. 책을 쓰는 작업은 당신이 지금까지 해온 것 중에서 가장 위대한 작업이 될 것이다. 중간 중간에 포기하고 싶은 마음이 들 수도 있지만 초고를 다 완성하기 전에는 절대로 포기하지 마라. '포기'는 배추를 셀 때나 쓰는 말이지 당신이 쓸 단어가 아니다.

책을 쓰고 싶은 CEO와 리더들이여! 딱 100일만 선택·집중·몰입해서 하루에 한 꼭지씩 써내려가라. 당신이 책을 쓰든 쓰지 않든 앞으로 남은 시간은 당신을 기다려주지 않는다. 그렇다면 그 시간을 당신의 목표를 성취하는 뜻 깊은 나날로 만들어보는 것은 어떤가? 책의 주제, 제목, 목차를 정했으니 딱 100일 동안만 후회 없이 미쳐보는 거다. 그 시간을 인생의 전환점이 되는 기간으로 만들어라. 오늘 당신이 심혈을 기울여 쓴 한 꼭지가 머잖아 당신의 책이 되어 자신과 다른 이들을 가슴 뛰게 할 것이다.

# STEP 6
## 어떻게
## 팔 것인가?

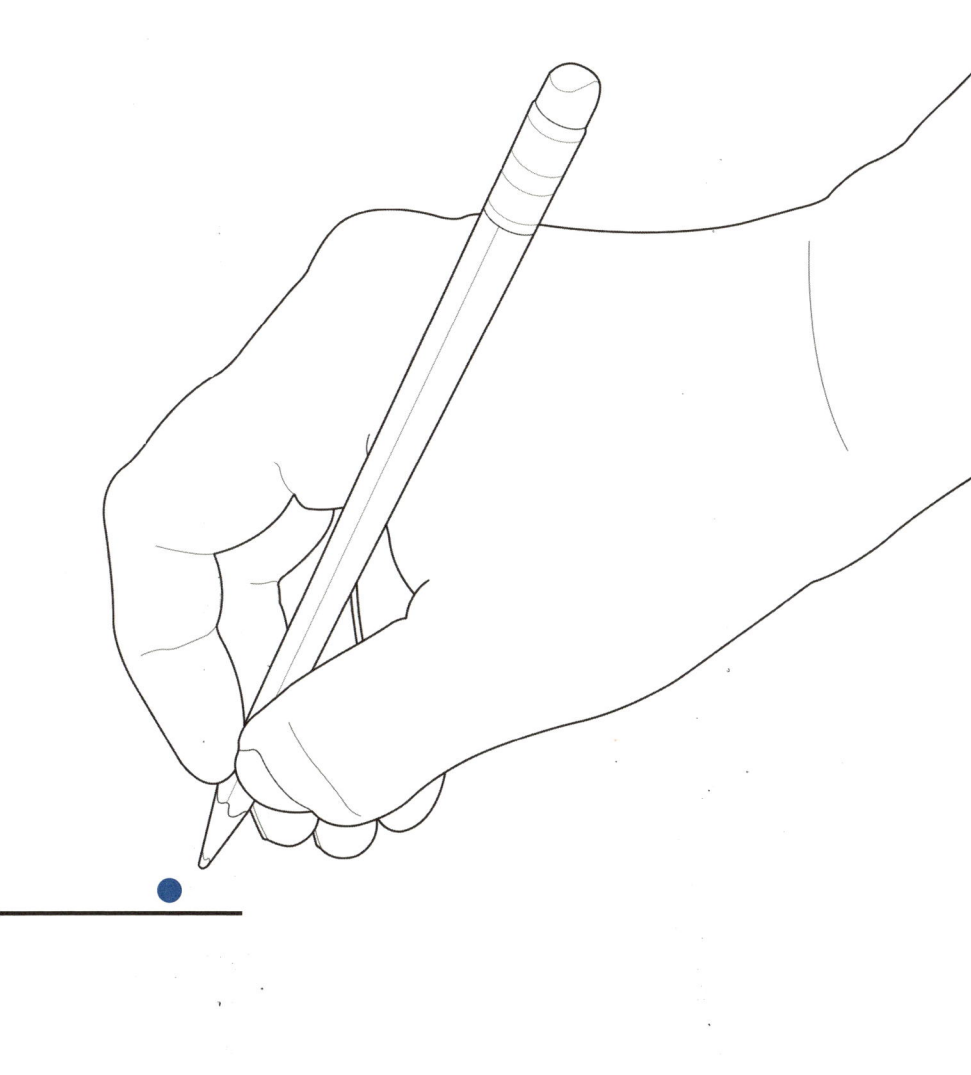

이제 저자들에게 SNS는
마케팅 전쟁에서 빼 놓을 수 없는 최첨단 무기다.
아직 그 무기가 없다면 서둘러 장착하라.

# 1

# 전략을 세우고
# 몸을 움직여서 길을 뚫어라

모든 것이 브랜드가 된다. 코카콜라나 페덱스, 포르쉐, 뉴욕 시티, 미국, 마돈나는 물론이고 당신도, 바로 당신도 브랜드가 된다! 브랜드란 의미와 연관성을 지닌 일체의 라벨을 의미한다. 그러나 탁월한 브랜드는 거기에 머물지 않는다. 브랜드는 특정 제품이나 서비스를 부각시키고 또 많은 사람의 반향을 자아낸다.

 필립 코틀러가 《마케팅 A to Z》라는 책에서 한 이야기다. 마케팅의 대가가 한 이야기이니 곱씹어볼 필요가 있다. 그가 브랜드를 강조한 이야기에 '당신 이름으로 된 책 한 권'을 넣어보면 어떨까? 지금은 브랜드 시대다. 당신 이름으로 된 책 한 권만큼 당신을 멋지게 브랜드로 만들 수 있는 방법이 무엇이 있단 말인가?

그러니 이제는 당신이 스스로 마케터가 되어서 자신의 책을 적극적으로 홍보해야 한다. 당신 이름으로 된 책 한 권을 써내는 일은 숨어 있던 잠재 능력과 가능성을 눈에 보이는 자산visual asset으로 발전시키는 일이다. 자산이 내면에 박혀 있으면 어느 누구도 알아줄 리가 없다. 소중한 보석 같은 책을 출판했으니 최대한 많은 사람들에게 알려야 마땅하다.

일체유심조一切唯心造라는 말이 있다. 무슨 일이든지 마음먹기에 달려 있다는 뜻이다. 당신이 자신의 책에 자부심을 갖고 스스로 홍보 대사가 되어야 한다. 한 번에 한 사람씩, 한 번에 한 권씩이라도 좋다. 가족과 지인들을 시작으로 해서 적극적으로 당신 책의 의미와 가치를 전할 수 있어야 한다.

내 첫 번째 책, 《책향기 사람향기》가 출간되었을 때의 일이다. 어느 날, 서울에서 어떤 독자에게 전화가 왔다.

전철을 타고 출근하면서 내 책을 읽고 있었는데, 책이 술술 읽혀서 내려야 할 역을 지나쳤다고 했다. 다른 독자는 책 속에 있는 사례를 활용해도 되겠느냐고 묻기도 했다. 또 다른 독자는 《책향기 사람향기》라는 제목을 북 카페 이름으로 해도 되겠느냐고 물어왔다.

하루는 성공한 출판사 대표를 만날 기회가 있었는데, 내가 책을 썼다는 말을 듣더니 한 권 선물해달라고 했다. 며칠 뒤에 만나자 "유길문 씨, 당신 책 《책향기 사람향기》 너무 좋아. 책이 아주 술술 익혀. 글 감각이 있는 것 같아. 그리고 유길문 씨 책에는 진정성과 소박함이 담겨 있어. 앞으로 멈추지 말고 계속 책 쓰는 작업을 했으면 좋겠어. 당신 책이 분명히 시장에서 베스트셀러가 되는 날이 있을 거야. 확신을 가지고 앞으로 정진하도록 해"라는 칭찬을 들었다. 그때 나는 기분이 날아갈 것 같았다. 대작도 많이 낸, 성공한 출판사 경영인이 칭찬을 해주니 얼마나 기분이 좋았겠는가?

당신이 쓴 책을 당신이 알리지 않으면 알릴 사람이 없다. 당신의 신념과 가치가 담긴 책을 당신만큼 잘 아는 사람이 누가 있겠는가? 출판사가 알아서 홍보 하고 마케팅을 해줄 것이라고, 책이 나오면 독자들이 저절로 사서 본다고 생각하지 마라. 예전에는 저자가 책을 쓰고 나면 임무 완수였다. 그러나 요즘에는 그렇지 않다. 책을 쓰고 나면 저자가 스스로 홍보해야 한다. 대형 출판사와 출판 계약을 하면 신문이나 잡지 등에 홍보를 해주겠지만 대부분의 출판사는 그럴 여력이 없다. 홍보를 하려면 돈이 들어가기 때문에 적극적인 홍보를 거의 못 하는 실정이다. 그러니 오히려 저자가 출판사보다 더 열심히 직접 발로 뛰어야 한다.

그렇다고 해서 무작정 발로 뛰기부터 하는 것은 금물이다. 우선 마케팅의 의미를 곰곰이 생각해보자. 마케팅을 한마디로 정의하면 무엇일까? 바로 '마케팅이란 전략이자 기획이다'가 된다. 이것이 2012년에 내가 마케팅을 공부하고 강의하면서 깨달은 진리다.

나는 이 해에 3개월 동안 마케팅 교육을 받으면서 연구하고 책도 수십 권이나 독파했다. 그리고 지점의 세일즈 역량을 강화하기 위해서 12월 중순까지 매일 강의했다.

그러면서 마케팅에서 전략이 얼마나 중요한지 깨닫게 되었다. 마케팅은 생각만큼 거창한 것은 아니지만, 현장에 가서 직접 부딪치기 전에 미리 제대로 된 방향을 정해두어야 좋은 효과를 거둘 수 있다.

마케팅의 대가들도 한결같이 "마케팅은 기획이다. 마케팅에 성공하려면 목적의식이 뚜렷해야 한다. 마케팅의 달인은 고객의 문제해결에 집중한다"고 주장한다. 이 말대로 마케팅을 실시하기 전에 신중하게 생각하고 큰 그림을 그리는 단계가 필요하다. 그리고 타깃을 명확하게 정하고 고객을 감동시키기 위한 프로그램을 가동해야 한다. 그다음에 직접 발로 뛰며 행동으로 옮기는 것이다.

하지만 아직 마케팅을 배워보거나 해보지 못한 독자들은 앞이 막막할 것이다. 그들을 위해 좋은 사례를 하나 소개하고자 한다. 전 세계 47개국에서 수천만 부 이상 판매된 초대형 베스트셀러 중에 《영혼을 위한 닭고기 수프》라는 책이 있다. 흥미롭게도 발매 초기에는 아무도 이 책을 거들떠보지 않았다고 한다. 그러자 바싹 약이 오른 저자들은 '우리 책을 뉴욕 타임즈 베스트셀러 1위에 올려

놓자'는 명확한 목표를 정했다. 두 명의 저자는 일단 어떻게 하면 베스트셀러가 될 수 있을지 연구했다. 존 그레이 등 베스트셀러 저자 15명에게 자문을 구하고 코칭을 받기도 했다. 마케팅 전문가에게도 도움을 청하고, 마케팅을 소개한 서적을 독파하기도 했다.

만반의 준비를 갖춘 그들은 가장 먼저 마케팅 전략을 세우고 움직이기 시작했다. 텔레비전, 라디오, 기업체, 주유소, 제과점, 편의점, 식당, 가판대 등 사람이 많이 모이는 곳이나 책을 이야기할 수 있는 곳이면 어디든지 마다하지 않았다. 그렇게 1년 동안 마케팅에 몰두하자 조금씩 효과가 나타났고, 2년이 되니 책이 뜨기 시작했다고 한다. 이렇게 해서 《영혼을 위한 닭고기 수프》가 비로소 우리 곁에 다가온 것이다. 이것이 바로 마케팅의 파워다. 마케팅은 올바른 방향을 정해서 제대로 움직여야 효과가 나타난다.

또한 움직이고 소통하며 기존의 틀을 깨는 것이 마케팅이다. 그러므로 고정관념을 버리고 새로운 변화와 혁신적인 방법을 받아들여야 한다. 진로 소주의 사례를 살펴보자. 만약 이 회사가 계속 '진로'라는 오래된 브랜드만

고집했다면 급변하는 소주 시장에 제대로 적응하지 못해 큰 타격을 입었을지도 모른다. 그러나 진로는 고객의 관점에서 생각했고 과감하게 상표를 바꾸어 '참이슬'이라는 새로운 소주 브랜드를 탄생시켰다. 이후 어떤 상황이 전개되었는지는 여러분들이 더 잘 알고 있으리라.

이랜드의 중국 매출액이 국내 매출액을 상회할 것이라는 기사가 나오고, 오리온 초코파이가 중국에서 억 단위로 팔렸다는 소식이 들려온다. 이런 것들이 바로 성과를 부르는 마케팅의 힘이다.

피터 드러커는 《미래의 조직》에서 다음과 같은 말을 한 적이 있다.

기업이 회사의 문을 닫거나 정리해고를 하는 것이 아니다. 그것은 고객들이 한다. 고객이 나팔을 불면 기업에 근무하는 모든 사람들은 거기에 맞춰 춤을 추지 않으면 안 된다.

그가 우리에게 던지는 메시지는 고객이 소중하다는 것

이다. 과거에는 기업이 변화와 혁신의 주도권을 쥐고 있었다면 이제는 그 주도권이 고객에게 넘어갔다는 직설적인 표현이다. 그러므로 오늘날의 기업은 고객의 흐름과 니즈를 제대로 인식해야 한다.

책도 마찬가지다. 저자가 계약서에 사인만 하면 책이 알아서 팔리는 시대가 있었지만 이제 흐름이 바뀌었다. 인터넷, 스마트폰, 전자책 등 급변하는 트렌드 때문에 사람들이 오프라인에 있는 책을 외면하는 상황이다. 그러니 더욱 당신의 책을 적극적으로 홍보해야 한다. 계약서에 사인만 할 것이 아니라 발로 뛰어야 한다. 이번에는 당신이 열정적인 책의 홍보 대사가 되어야 한다. 적극적으로 당신의 책을 이야기하고 마케팅해야 한다. 당신이 당신 책의 열렬한 팬이 되고 적극적으로 마케팅을 하게 되면 앞으로 긍정적인 놀라운 일이 여러 번 발생할 것이다.

책의 영향력을 극대화하고 싶다면, 책이 출판된 뒤에 팔짱만 끼고 바라보지 말고 전략적인 마케팅 계획을 세워서 발바닥에 땀이 나도록 뛰어보라. 앞서 소개한 일본의 세일즈 신, 하라이치 헤이의 영업 비결을 다시 들으면서 어떤 자세로 마케팅을 해야 할 것인지 생각해보자.

저는 그저 많이 걷고 많이 뛰었을 뿐입니다. 세일즈를 하
고 있지 않을 때는 세일즈에 대한 이야기를 하고 있었고
세일즈에 대한 이야기를 하고 있지 않을 때는 세일즈에
대한 생각을 하고 있었습니다.

**2**

# 청중들을
# 열광케 하라

《멈추면 비로소 보이는 것들》이라는 책이 오랫동안 베스트셀러 1위를 유지하며 판매 부수가 2백만 부를 넘어섰다. 이 책이 이렇게 짧은 시간에 선풍적인 인기를 끌고 있는 이유는 무엇일까?

첫째, 힐링 트렌드에 맞는 혜민 스님의 평이하면서도 부드럽고 솔직담백한 내용 덕분이다. 둘째, 출판사의 마케팅 전략 덕분이다. 대한민국 출판계에 힐링 열풍을 몰고 온 쌤앤파커스는 좋은 콘텐츠라 생각되면 집중적으로 홍보하고 마케팅을 전개한다. 그러므로 이 책의 성공은 저자와 출판사의 절묘한 하모니의 산물인 것이다. 셋째,

저자의 활발한 사인회와 강연회 그리고 텔레비전 출연 덕분이다. 혜민 스님은 종종 사인회와 강연회를 열었고 텔레비전 출연을 마다하지 않았다. 그렇게 대중과 소통을 하니 시간이 갈수록 책의 판매량이 급증한 것이다.

《가슴 뛰는 삶》의 저자인 강헌구 교수는 어떠한가? 이 책의 핵심 메시지는 명확한 비전을 가지면 가슴 뛰는 삶을 살 수 있다는 것이다. 그는 책을 출판하고 나서 전국 방방곡곡을 누비며 비전을 전파하러 다녔고, 비전 관련 학교나 관공서의 특강도 열어서 적극적으로 사람들과 소통했다. 그 결과 그는 지금 비전 분야의 멘토이자 전도사 역할을 하고 있다. 나도 몇 번 전주에서 강헌구 교수와 식사를 한 적이 있다. 내가 전국을 돌아다니며 강의를 하면 힘들지 않느냐고 묻자 그는 명확한 비전이 있어서 가슴 뛰는 삶을 살고 있으므로 전혀 힘들지 않다고 했다.

《10미터만 더 뛰어봐》의 저자인 천호식품의 김영식 회장을 보라. 중견기업을 운영하면서 눈코 뜰 새 없이 바쁜데도 대중 강연을 통해서 독자들과 소통하고 있다. 특강을 하면서 책의 에센스를 사람들에게 전달하고 감동을 심어주니 그 영향이 도미노처럼 퍼져 나가 회사 매출까지 같이 오르는 것이다. 사람의 열정은 전염된다. 특강을 들으면서 저자의 열정에 공감한 청중들은 감동한 나머지 저자의 팬이 되는 것이다.

《아트 스피치》의 저자 김미경 강사를 보라. 나는 김미경 강사의 팬이다. 그녀의 강점은 사람들과 진심으로 소통하기 위해 끊임없이 노력한다는 것이다. 그녀는 책을 출판하고 나서 오히려 출판사보다 더 열심히 마케팅을 하고 있다. 쉬지 않고 책의 주제와 연관 지어서 강의를 하니 독자들이 계속 늘어날 수밖에 없다. 책도 좋은 데다 저자까지 알게 된다면 책을 사지 않을 이유가 어디 있겠는가? 김미경 강사는 강의 준비를 철저히 하는 것으로 유명하다. 수십 번 연습을 하지 않으면 대중 앞에 서지 않겠다는 원칙을 지키고 있다. 잘 다듬어진 그녀의 강의를 들으면 거침없이 쏟아지는 구수하고 솔직 담백한 스토리의 매력에 푹 빠져 팬이 될 것이다. 이처럼 진심으로 소통하면 청중들이 열광한다. 통하게 되면 무슨 장벽이 있겠는가? 통하게 되면 거칠 것이 무엇이 있겠는가? 통하게 되면 책값이 무에 비싸다고 느끼겠는가?

이제는 공감, 소통, 사람이 중요하다. 시간이 제한되어 있으므로 한 사람씩 만나는 것은 쉽지 않다. 그래서 대중들과 호흡할 수 있는 특강을 해야 한다. 한꺼번에 많은 사람들과 만날 수 있으니 금상첨화다. 대중 앞에서 당신의 숨어 있는 능력과 가치를 보여줘라. 청중들을 위해서 가지고 있는 모든 것을 보여줘라. 아끼지 말고 진솔하게 다 쏟아내라. 당신이 쓴 책 속의 보물을 가지고 공감대를 형성하라. 당신이 그들을 진정으로 위할 때 그들은 마음의 문을 활짝 열게 될 것이다.

출판사든 서점이든 관공서든 저자 사인회와 특강 요청이 들어오면 절대로 거절하지 마라. 부르는 곳이면 어디든지 흔쾌히 응하라. 내가 아는 어떤 저자는 재미 교포들에게서 강의 요청이 오자 휴가까지 내고 강연을 하고 왔다. 쉽지 않은 결단이다. 어쩌면 강연료보다 비행기 티켓 값이 더 비쌀 수도 있다. 그러나 그러한 결단이 새로운 기회로 이어진다. 한 시간 강의하는데 서울에서 부산이며 제주도까지 가는 저자들도 있다. 이 얼마나 멋진 일인가? 그들의 결단에 박수를 보내고 싶다.

# 3

# 책이 SNS의
# 물결을 타게 하라

조석중 배움 아카데미 대표는 전북 김제 출신으로, 전국적으로 왕성하게 활동하는 대한민국 최고의 동기부여가다. 지금 그가 심혈을 기울이는 강의는 '내 인생의 첫 강의'라는 것이다. 하루는 대구에 강의를 개설하고자 했는데 대구에 지인도 없는지라 청중을 모으는 일이 퍽 어려웠다. 그래서 페이스북에 강의 일정을 공지했더니 놀랍게도 서너 시간 만에 정원이 마감되었다고 한다. 간단하지만 SNS의 폭풍 같은 위력을 알 수 있는 사례다.

이외수 작가를 보라. 예순이 넘은 나이에도 하루 두 시간

이상 트위터를 한다고 하지 않는가? 혜민 스님도 SNS로 일반 대중과 소통을 하고 있다. 인터넷 카페와 블로그를 운영하는 사람들을 유심히 살펴보면 SNS는 관심이자 노력임을 알 수 있다.

이제는 마케팅의 환경과 트렌드가 바뀌었다. 예전의 고정관념을 버리고 완전히 새로운 전략을 짜야 한다. 그냥 가만히 앉아 있을 일이 아니다. 현대의 전쟁터에 나가서 싸움을 하는데 옛날에 쓰던 활이나 소총을 가지고 덤빈다면 아무리 열심히 싸우더라도 한계가 있을 것이다. 그러니 이제 마케팅에서도 새로운 무기를 장착해야 한다. 당신은 트위터를 할 것인가? 페이스북을 할 것인가? 블로그를 할 것인가? 카페를 개설해서 왕성하게 활동할 것인가? 마케팅의 신무기는 다름 아닌 SNS다. 주저하지 말고 지금 당장 당신의 몸에 SNS를 장착하라.

최근, SNS를 가장 활발하게 활용하는 사람은 박원순 서울 시장이다. SNS를 활용하면 웬만한 사안은 일주일 정도면 다 해결된다고 한다. 일례로 심야 야간버스 정책을 페이스북에 올렸더니 3천 개가 넘는 댓글이 달렸다고 한다. 그것을 읽으면서 서울 시를 어떻게 운영해야 할지 영감이 떠올랐고, 그대로 정책에 반영하자 시민들의 호응이 높았다고 한다. 박원순 서울 시장은 "전 세계적으로 이처럼 빠르게 리얼타임 행정이 이루어지는 곳은 별로 없을 것이다. 프랑스 파리나 영국의 런던 시장이 대한민국 서울로 배우러 오게 만들어야 한다"며 SNS 예찬론을 펼쳤다.

전국적으로 유명한 작가 겸 강연가가 몇 년 전부터 나에게 블로그를 사용하라고 권했다. 그렇지만 나는 블로그의 효용성을 느끼지 못해서 한동안 사용하지 않았다. 그러다가 우연한 기회에 리더스클럽 회원에게 다시 블로그를 사용하라고 권유를 받아서 드디어 2013년부터 시작했다.

아직 걸음마 단계에 불과하지만 사람들이 왜 그렇게 블로그 사용을 권유했는지 조금은 알 것 같다. 지금은 스피드 시대다. 시간이 너무 많이 소비되기 때문에 내가 가지고 있는 정보와 지식을 실시간으로 만나서 공유하는 것은 사실상 불가능하고 비현실적인 일이다. 그러나 SNS를 이용하면 아주 빠른 시간에 정보를 퍼뜨릴 수 있다.

그러니 책을 홍보하려면 제일 먼저 트위터, 페이스북, 블로그 등 활용할 수 있는 모든 SNS를 동원하라. 특히 트위터나 페이스북 등은 글을 공유하는 기능이 있어서, 내 친구가 홍보글을 공유해주면 친구의 친구에게도 전달된다는 큰 이점이 있다. 어젯밤에 아무 생각 없이 올린 글에 다음날 아침까지 수만 개의 덧글이 달리는 일도 가능하다.

얼굴도 이름도 모르는 사람들에게 당신이 열정을 바친 책 정보가 전달되고 구매로 이어진다고 생각해보라. 그것만으로도 기쁘고 설레지 않는가?

이제 저자들에게 SNS는 마케팅 전쟁에서 빼 놓을 수 없는 최첨단 무기다. 아직 그 무기가 없다면 서둘러 장착하라.

# 자신과 회사와
# 다른 이들을 위해 책을 쓰라!

조동화 시인의 시 중에서 〈나 하나 꽃 피어〉라는 작품이 있다. 시인은 '나 하나 꽃 피어 무슨 소용이 있겠느냐고 생각하지 마라. 한 송이씩 피지 않으면 꽃밭은 생겨나지 않는다'라는 메시지를 전해준다. 그렇다. 꽃 한 송이의 힘이 미약하다고 누가 말할 수 있으랴! 하나가 시작이고 하나가 끝이다. 그러니 하나를 보물처럼 취급해야 한다.

사람도 마찬가지다. 한 사람이 중요하다. 한 사람이 다른 이들에게 주는 영향력을 무시해서는 안 된다. 한 사람의 사명과 비전이 수많은 이들에게 감동을 준다. 이렇게 자신의 생각을 많은 사람들에게 한꺼번에 알리는 데 요긴한 수단이 바로 책이다.

특히 수많은 직원들과 멘티들을 거느리고 있는 CEO 및 리더들에게 책 쓰기는 새로운 전환점이 되어줄 것이다. 당신이 심혈을 기울여 쓴 책은 열정의 산물이고, 신념의 집합체이며, 인생의 요약본이다. 당장 직원들이 당신이 쓴 책을 읽어본다면 어떤 기분이 들겠는가? 지금까지 한 번도 인연이 닿지 않았던 생면부지의 사람들이 당신의 책을 읽고 큰 감동을 느낀다면 어떻겠는가? 생각만 해도 가슴이 뛰고 보람이 느껴지지 않는가? 자신의 생각을 글로 승화시켜 다른 이에게 영향을 끼치는 것이 바로 살아 있는 책의 힘이다.

보다 작은 관점에서 보면, 책 쓰기는 저자의 자기계발에도 좋다. 쓰고 싶은 주제를 깊이 공부해야 책을 쓸 수가 있다. 그런 만큼 저자의 지식과 지혜가 깊어지고 전문가로 성장한다. 어느 정도 이름이 알려진 저자는 여기저기서 강연 요청을 받는다. 그러면 그는 다양한, 아니 이전에는 미처 생각지도 못했던 많은 사람들과 교감을 할 기회를 얻는다. 기업체, 관공서, 학교 등의 강연을 통해서 많은 이들을 코칭할 수 있는 행운도 찾아온다.

책을 쓰는 것은 그리 어려운 일이 아니다. 마음먹고 몇 달만 몰입하면 충분히 한 권을 써낼 수 있다. 중요한 것은 마음가짐이다. 바쁘더라도 시간을 내서 열심히 책을 쓰라. 그리고 작가로서 책임감을 가지고 마케팅 전략을 짜고, 발로 뛰어 판로를 뚫고, 강연을 통해 청중들에게 책의 존재를 알리고, SNS로 입소문이 널리 퍼지게 하라. 그러면 자신이라는 브랜드가 유명해지고 팬이 생기면서 회사 매출이 올라갈 가능성이 높아진다. 강연 요청이 들어오는 횟수가 많아지고 그에 따라 전문가로 널리 알려질 수도 있다.

그러니 책을 쓰고자 하는 CEO와 리더들이여!
자신과 회사와 다른 이들을 살리기 위해 책을 쓴다고 생각하라.

책 쓰기에 자신감을 갖고 오늘부터라도 당장 실천에 옮겨라. 다른 사람이 해냈다면 당신도 해낼 수 있다. 저자와 독자 모두의 가슴을 뛰게 하고 양쪽의 자아를 동시에 성장시키는 영양가 있는 책을 쓰라.

이 책을 읽고 책을 쓰리라 결심하는 CEO들의 행복한 모습과 자신에 찬 당당한 모습이 머릿속에 그려진다.

# 책 쓰는 사장
The CEO who Writes Books

초판 1쇄 발행 2013년 8월 19일

지은이 유길문
펴낸이 한승수
펴낸곳 문예춘추사
편집 고은정 이다연
마케팅 이일권
디자인 김경년

등록번호 제300-1994-16
등록일자 1994년 1월 24일
주 소 서울특별시 마포구 연남동 565-15 지남빌딩 309호
전 화 02 338 0084
팩 스 02 338 0087
E-mail moonchusa@naver.com

ISBN 978-89-7604-129-6   13320